ジャパンタイムズ編／デイヴィッド・セイン著
Edited by The Japan Times / Written by David Thayne

ビジネス Quick English
〈ミーティング〉

Business Quick English
MEETING

CDつき

The Japan Times

はじめに

　以前は、英語が必要なのは外資系企業、英語に関わって仕事をするのは英語に強い人、あるいは専門職の人と相場が決まっていました。英語はできる人にお任せ、私には関わりないこと、で済んでいたのです。しかし、時代は刻一刻と変わっています。

　今やほとんどの職場で、英語は避けて通れなくなりました。外国人の来客に応対することもあれば、外国人社員と意思の疎通を図ることも重要です。また、英語で行われる会議に出席しなければならないこともあります。会議できちんと発言できるかどうかは、ビジネスパーソンとしての成功への鍵でもあります。

　会議の場では、ただ席に連なっていればよいわけではありません。自分の意見を述べ、賛成の意を表し、時には相手の意見を押しとどめ、反対意見を述べなければなりません。進行役を仰せつかる可能性もあります。これは日本語でもなかなかハードルの高いものです。ましてや、それが英語であれば、思わず両手を挙げてしまいたくなるかもしれません。

　しかし、諦めてしまうのは少し待ってください。会議の進行には一定のルールがあり、決まり文句で乗り切れる場面も多いのです。会議だから難しい単語や表現を並べなければならない、というわけではありません。簡単な言葉であっても、ここぞという場面で自分の意見を伝えられればよいのです。

　本書では、「会議の前に」、「司会者の決まり文句」、「報告・提案」、「議論」、「まとめ」「会議後」という会議進行の時間軸にそって、各場面に適した表現を豊富にご紹介しています。本書を活用し、ぜひ自信をもって会議に臨んでください。

　Good Luck!

2008年8月
David Thayne

もくじ

はじめに ……………………………………………………………… 003
本書の使い方 ………………………………………………………… 007

第1章　会議の前に

打ち合わせの日程・場所を決める（電話）……………………… 010
打ち合わせの日程・場所を決める（メール＆電話）…………… 012
日程・場所の再調整を伝える（メール＆電話）………………… 014
会議の目的を伝える（メール＆電話）…………………………… 016
遅れる旨を伝える（電話）………………………………………… 018
揃わない人へ連絡を入れる（電話＆内線）……………………… 020
受付で用件を伝える ……………………………………………… 022
受付で来客応対をする …………………………………………… 024
出席者と挨拶をする ……………………………………………… 026

第2章　司会者の決まり文句

会議を始める ……………………………………………………… 030
進行役・ほかの役割の紹介 ……………………………………… 031
会議の進行予定を伝える ………………………………………… 033
次の議題へ移る …………………………………………………… 035
発言を促す ………………………………………………………… 036
進行上の注意をする ……………………………………………… 038
休憩に入る ………………………………………………………… 040
昼食の案内 ………………………………………………………… 041
会議を再開する …………………………………………………… 042
時間がないことを伝える ………………………………………… 043
不手際を詫びる …………………………………………………… 044
◆**TIPS 1**　とっさに言葉が出ないときの相槌 ……………… 045

第3章　報告・提案

資料を配る／資料を見ながら説明する ………………………… 048
前回の会議の内容を確認する …………………………………… 051
今回の議題の確認をする ………………………………………… 052
結果を報告する …………………………………………………… 054
現状・進行状況を報告する ……………………………………… 056

期間・金額を交渉する ……………………………………………… 059
提案する／提案を促す ……………………………………………… 061
理由を述べる ………………………………………………………… 062
分析・比較する ……………………………………………………… 064
例を挙げる …………………………………………………………… 067
別の視点を提案する ………………………………………………… 069
言い換える …………………………………………………………… 071
仮定の話をする ……………………………………………………… 072
将来的な展望の話をする …………………………………………… 074
今後の課題を明確にする …………………………………………… 076
◆**TIPS 2**　社内メモ　　　　　　　　　　　　　　　　　078

第4章　議論

質問する ……………………………………………………………… 082
質問に答える ………………………………………………………… 084
聞き返す ……………………………………………………………… 086
説明を求める ………………………………………………………… 087
意見を求める ………………………………………………………… 091
確認する ……………………………………………………………… 094
自分の理解を確かめる ……………………………………………… 095
賛成の意を示す ……………………………………………………… 096
肯定的な意見を言う ………………………………………………… 098
納得する ……………………………………………………………… 100
相手の意見に反対する ……………………………………………… 101
問題点を挙げる ……………………………………………………… 105
懸念していることを述べる ………………………………………… 107
問題の解決を求める ………………………………………………… 109
反論をかわす ………………………………………………………… 111
部分的に賛成する／反対する …………………………………… 113
まだ意見が決まっていないとき …………………………………… 114
結論を先送りにする ………………………………………………… 115
持ち帰って確認したいと伝える …………………………………… 117
妥協・譲歩できないことを伝える ………………………………… 119
妥協・譲歩を促す …………………………………………………… 121
相手へ最後のひと押しをする ……………………………………… 122
発言の意を示す ……………………………………………………… 125

人の発言中に割り込むとき	126
話が中断されそうになったとき	128
議題の順序について話す	130
少し前に出た話題に戻る	132
話を本題へ戻す	134
◆TIPS 3　Eメール	136

第5章　まとめ

要点を整理する	140
意見をまとめる	142
質問を募る	145
決議をとる	146
次回の会議について提案する	148
会議を終了する	150
◆TIPS 4　議事録	153

第6章　会議後

会議後に約束を取りつける	156
終了後のレセプション・食事に誘う	157
誘いを断る／受ける	159
景気・市場動向を話題にする	161
◆TIPS 5　プライバシー	163

巻末

ビジネス用語集	164
会議で使う語彙／出席者の呼び方／役職名／会議の種類	
INDEX	167

カバーデザイン	寺井 恵司
本文レイアウト	森村 直美（クリエーターズ・ユニオン）
編集協力	松本 静子
CDナレーション	イアン・ギブ／ヘレン・モリソン
CD収録ディレクション	ELEC（福田 文）

本書の使い方

❶ 本書では、フレーズを**状況別**に大きく6章に分け、さらに73の下位項目に分類しています。

❷ 本書の大きな特徴として、**日本語訳から英語のフレーズを素早く探せる**ようになっています。また、フレーズは**極力シンプルな表現**で使用頻度が高いと思われるものを寄り抜いて**ご紹介**しています。

❸ or の灰色のフレーズは言い換え表現です。見出しフレーズと同じ意味を持つものと、同じ状況下で別の言い方をするものの両方をご紹介しています。

❹ CDのトラックナンバーです。73項目すべてを覚える時間がないという場合は、**自分が使いそうなフレーズを見つけ、まずはその項目を集中的に聞き取り、発話の練習をする**ことも有効でしょう。

❺ 巻末のINDEXは見出しフレーズと or （言い換え表現）フレーズの日本語訳一覧です。ミーティング中にフレーズを使いこなすためには、**前もってINDEXに目を通し、使いそうなフレーズをメモに書き出しておく**ことをお勧めします。

❻ TIPSと巻末用語集では、英語でのミーティングに関連する実用的な情報や様々な用語をご紹介しています。

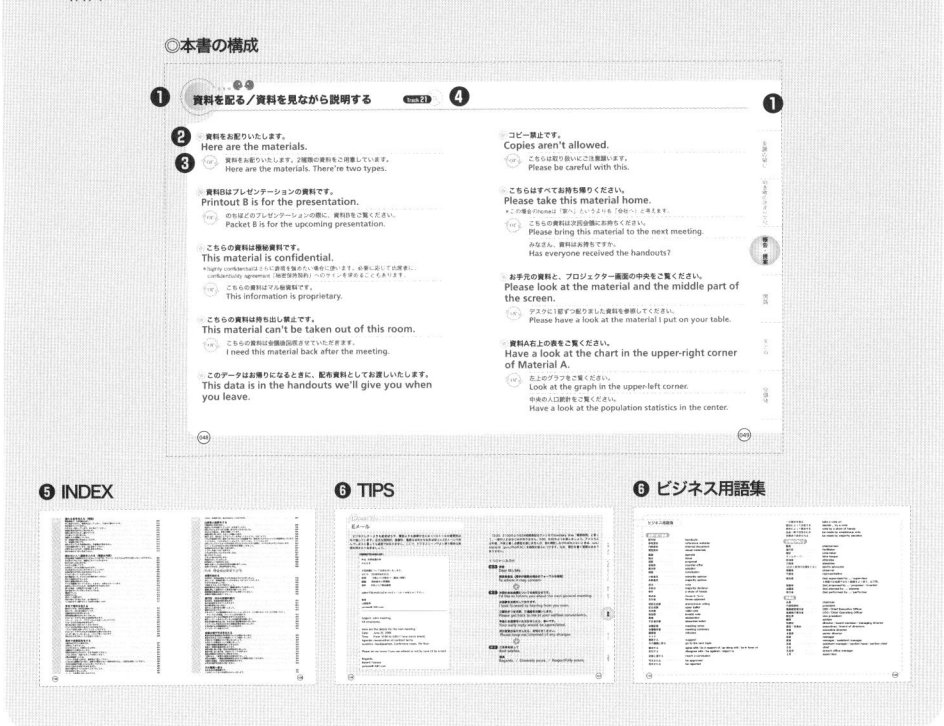

◎本書の構成

❺ INDEX　　❻ TIPS　　❻ ビジネス用語集

第1章 ... 会議の前に

打ち合わせの日程・場所を決める（電話）

Track 01

● もしもし。XY社の長谷川ケンと申します。
Hello. This is Ken Hasegawa of XY Corporation.

＊名字だけを名乗ると、外国人には不自然に聞こえることもあるのでフルネームを名乗るほうがよいでしょう。また覚えにくい名前の場合は、健太郎をケンとするなど、短縮するのもひとつの方法です。

or 国際課の長谷川ケンです。
This is Ken Hasegawa, International section.

● 来月の会議についてお話するために電話しています。
I'm calling to talk about the meeting next month.

or 会議のご担当者とお話をしたいのですが。
Could I talk to someone in charge of the meeting?

● 5日か10日、もしくは18日を考えております。
I'm thinking about the 5th, the 10th or the 18th.

＊この言い方でも十分ですが、文頭あるいは文末にfor the meetingをつけるのもよいでしょう。日にちを提案するときは、少なくとも候補を3日ほど提案します。

or 5日か10日、もしくは18日はいかがですか。
How about the 5th, the 10th or the 18th?

● いつがよろしいでしょうか。
When would be convenient for you?

● 会場は弊社を考えております。
I'm thinking about having it here.

or ご希望の場所はございますか。
Do you have a preference for the location?

場所はどこでもよろしいですか。
Anywhere would be fine with you?
＊相手が場所を特に指定しない場合に使える表現です。

● 私たちは木曜日のいつでも大丈夫です。
We're available anytime on Thursday.

or 私たちはそれで結構です。
That would be fine with us.

● それでは、15日10時に御社に伺います。ロビーでお会いしましょう。
So ... the 15th at 10:00, there. I'll meet you in the lobby.
＊So ... をのばして言うと「まとめますと…」というニュアンスが伝わります。また、この場合in the morningやin the eveningをつけることもできますが、午前ということが明らかであれば、省いて伝えるほうが自然です。

or 15日10時に御社でお会いするのを楽しみにしています。
I'm looking forward to seeing you there at 10:00 on the 15th.

打ち合わせの日程・場所を決める（メール&電話） Track 02

● 件名: 6月の販売会議の日程
Schedule for the June sales meeting
＊英文メールの件名に "！" を入れないこと。スパムメールと思われることがあります。また短い件名の場合、すべて大文字にしてもよいでしょう。

or 件名: 要日程調整
Important schedule change

● 6月5日（水）に月例販売会議を行います。
The monthly sales meeting will be on Wednesday, June 5.
＊月・日を一緒に書く場合、June 5thのようなthは不要です。また、日本語のように日付に曜日を加えることはあまりありません。

or 会議の詳細は以下のように決定しました。
The details of the meeting are as follows:

● 6月5日の会議には出席をお願いします。
I'd like to ask you to join us for the meeting on June 5.
＊would like to ask *someone* to ...は丁寧な依頼の表現です。

or 必ず全員出席願います。
Everyone needs to come to the meeting — no excuses.

● スケジュールを確認したいのですが。
Let me check my schedule.
＊このLet me ...は「〜したいのですが」、つまりI'd like to ...というニュアンスです。

or スケジュールを確認します。
I'll check my schedule.

● 申し訳ないのですが、その日は身動きがとれません。
I'm afraid I'm tied up most of that day.
＊事情を述べる前にI'm afraidをつけることで、申し訳ないと思う気持ちを表現できます。be tied upは「(忙しくて) 身動きが取れない」。

> or 申し訳ありませんが、その日は事務所におりません。
> **I'm afraid I'll be away from the office that day.**
>
> 申し訳ありませんが、その日は別の予定があります。
> **I'm afraid I have another appointment that day.**

● 出席できない方は、前日までに私にご連絡ください。
If you can't make it, please let me know by the previous day.
＊make itは「何とか調整する」「やり遂げる」「間に合う」など様々に使える便利な表現です。

> or 来られない人は6月4日までにお知らせください。
> **I need to know if you can't come by June 4.**

● できるだけ早く会議室を押さえておいてください。
Could you book a meeting room as soon as possible?

> or 忘れずに会議室を予約してください。
> **Don't forget to get a conference room reserved.**

● 添付した資料はお忘れないようお持ちください。
Please be sure to bring the attached material.
＊be sure to ...「〜をお忘れのないように」

> or このファイルは会議の資料です。
> **This is the material for the meeting.**

日程・場所の再調整を伝える（メール&電話） Track 03

◉ 急用ができてしまいました。
I'm afraid something came up.
＊「急用ができる」にはsomething came upがよく使われます。また、このような状況では事細かな説明はかえって言い訳がましく聞こえる恐れがあります。I'm sorryやI'm afraidをお忘れなく。

> or
>
> 急用ができてしまい、キャンセルせざるを得なくなりました。
> **I'm afraid something came up. I'll have to cancel.**
>
> 申し訳ありません。急用（緊急事態）ができてしまいました。日程を変更しなければなりません。
> **I'm sorry, but I have an emergency situation. I need to reschedule.**

◉ 本日はどうしても都合がつきません。
I'm really sorry, but I just can't make it today.
＊make it「約束を守って実行する」

◉ 火曜日ではなく木曜日にお会いしたほうがいいかもしれませんね。
It might be better to meet on Thursday instead of Tuesday.
＊it might be better ...「～したほうがいいのでは」には、断定的でなく、相手の気持ちを確かめるようなソフトなニュアンスがあります。

> or
>
> 打ち合わせを1時間前倒しにしてはいかがでしょうか。
> **How about moving the meeting ahead by an hour?**
>
> 打ち合わせを2日間日延べしてもよろしいですか。
> **Can we move our meeting back two days?**

● 今近くまで来ています。そちらに寄りましょうか。

I'm in your neighborhood now. Why don't I swing by?

＊swing by「立ち寄る」 Why don't I ...?「〜しましょうか」

or 今少しお時間はありますか。10分ほどで伺えますが。
Do you have a few minutes now? I can get there in 10 minutes.

● こちらへ来ていただけませんか。

Would you mind coming here?

or 申し訳ありませんが、こちらへ来ていただけますでしょうか。
I'm sorry, but could I ask you to come here?

会議の目的を伝える（メール＆電話）

Track 04

● 会議では、従業員のIT教育について合意を図りましょう。

Let's try to build consensus on employee IT training at the meeting.

*build consensus on ...「〜について合意を図る」「意見の一致を図る」。ビジネスシーンにおいて必須の表現です。

> or　会議では、従業員のIT教育についての合意を図りたいと思います。
> **In the meeting, we need to do some consensus building on IT training for the employees.**

● プロモーション・キャンペーンの承諾を得たいと思っています。

I'd like to get approval for the promotion campaign.

*get approval for ...「〜の承認／承諾を得る」

> or　この会議では、プロモーション・キャンペーンについて承諾を得られるようにしましょう。
> **Let's work on getting approval for the promotion campaign in the meeting.**

● 会議の主な目的は来年度予算をまとめ上げることです。

The main purpose of the meeting is to finalize next year's budget.

*finalize「まとめ上げる」「最終的に承認する」

> or　来年度の予算をまとめ上げなければなりません。
> **The budget for next year has to be finalized.**

● 予算割当てが主要議題です。
Dividing up the budget is the main topic.

or 主要議題は、予算割当ての方法についてです。
The main issue is how to divide up the budget.

● 販売網の件についてまとめる必要があります。
We need to wrap up the sales network issue.
＊wrap up「決着をつける」「まとめる」「締めくくる」

or 販売網についての最終決定をしたいと思います。
We need to make a final decision about the sales network.

● みなさんに中間報告をしていただきたいと思います。
I'd like to have everyone give a mid-term report.
＊mid-term / interim report「中間報告」 final report「最終報告」

or 全員に中間報告を出していただきます。
Everyone will need to give an interim report.

● もし、ほかに議題に加えるものがありましたら、お知らせください。
Please let me know if we need to add something to the agenda.
＊add ... to the agenda「議題に〜を加える」

or このほかに話し合うことがありましたら、ご連絡願います。
If there is anything else we need to talk about, please let me know.

遅れる旨を伝える（電話）

Track 05

◉ 電車事故で、10分遅れます。
There was a train accident and I'm running 10 minutes late.

or 申し訳ありません。電車が止まってしまい、10分ほど遅れそうです。
I'm sorry, but the trains stopped and I'll be 10 minutes late.

◉ 先に始めていてください。
Please go ahead without me.

*without meをつけることによって、「私が到着する前に、どうぞ」というニュアンスがより明確に出ます。

or 今そちらへ向かっています。先に始めてください。
I'm on my way, so go ahead.

◉ 渋滞に巻き込まれてしまいました。
I'm afraid I'm caught in traffic.

*be caught in ...「～に巻き込まれる」。交通渋滞のときなどに使用します。

or 道路工事のために少し遅れそうです。
There was some road construction, so I'll be a little late.

◉ 少し迷ってしまいました。
I'm afraid I got a little lost.

*get lost「迷う」

or 到着に少々手間取っています。
I'm having a little trouble getting there.

● 今、新宿駅の南口を出たところです。
I just left Shinjuku Station from the South Exit.

> or　今、新宿駅の南口です。
> **I'm at the South Exit of Shinjuku Station now.**

● 急なクライアントの訪問があり、今身動きが取れません。
A client dropped in on me, and I can't get away.

＊drop in「立ち寄る」。dropped in on me で「急に」のニュアンスが伝わります。

> or　大切な顧客が来ています。先に始めてください。
> **I'm with an important client right now, so please go ahead without me.**

● 欠席することになり、大変申し訳ありません。
I'm sorry for canceling.

> or　急なお知らせで申し訳ありません。
> **Sorry for the short notice.**

揃わない人へ連絡を入れる（電話＆内線）

Track 06

● 本日は弊社で会議を行うことになっていますが、フレッド・スミスさんがまだお見えになっておりません。
We have a meeting here today, but I'm still waiting for Fred Smith.

or
まだ来ていない人に、連絡を入れていただけますか。
Could you call everyone who's not here?

来ていない人はいますか。
Is anyone missing?

みなさんお揃いですか。
Is everyone here?

● みなさん、すぐにお揃いになります。
Everyone will be here in a minute.

or
まだお出でにならない方々がいらっしゃいます。
We're still waiting for a few people.

● 全員が揃うまで待ったほうがよいでしょう。
I think we'd better wait until everyone arrives.

or
もう少し待っていただけますか。
Could you wait just a little longer?

● 彼に電話をして、どこにいるか確かめてください。
Could you call and find out where he is?

or
彼から連絡はありましたか。
Did he call?

彼女と連絡は取れましたか。
Can she be reached?

◉ すぐに会議室においでください。みなさん、お待ちになっています。
Could you hurry to the meeting room? Everyone's waiting.

or 出席ということでしたが、何か急用でもできましたか。
You said you were coming, but did something come up?

遅れる場合、お電話だけはお願いします。
If you're going to be late, at least call.

◉ 先に始めていてくださいとのことでした。
He told us to go ahead without him.

or 電話中でした。
He was on another call.

来客中でした。
He had company.

彼はいつも遅れます。
He's always late.

◉ 今まで待っていましたが、もう始めます。
We've waited long enough, so we're starting now.

or もう始めますと藤川さんにご伝言をお願いします。
Could you tell Ms. Fujikawa that we're starting now?

受付で用件を伝える

Track 07

● 鈴木ケンです。ABC社の鈴木です。
I'm Ken Suzuki. Suzuki from ABC.
＊フルネームをまず述べ、次に名前か名字を繰り返すと親切です。

or 鈴木です。ABC社の鈴木ケンです。
My name's Suzuki, Ken Suzuki of ABC.
＊名前か名字を先に言って、フルネームを繰り返すパターンでもOKです。

● 会議出席のために伺いました。
I'm here for a meeting.

or 販売会議出席のためにまいりました。
I'm here for the sales meeting.

● ジョージ・ブラウンさんとお約束があります。
I have an appointment with Mr. George Brown.
＊Mr. を使うかどうかは状況しだいです。特にアメリカで使われるMr. は日本語の「～さん」とはニュアンスが異なり、よそよそしく聞こえる場合もあります。

or ジョージ、ジョージ・ブラウンさんとお会いしたいのですが。
I need to see George, George Brown.

ジョージと打ち合わせがあります。
I have a meeting with George.

彼に私が来たと知らせてくださいますか。
Could you let him know I'm here?

ジョージに私が来たと伝えていただけますか。
Could you tell George I'm here?

◉ こちらで2時にお会いすることになっております。
We're planning to meet here at 2:00.
＊受付などで来訪を伝えるときの決まり文句です。このまま覚えましょう。

◉ ジョージ・ブラウンさんがご担当者だと聞いております。
I think George Brown is in charge of the meeting.
＊be in charge of ...「〜を担当している」「〜の責任者である」

◉ 少し早く着いてしまいました。こちらで待っております。
I'm a little early. I don't mind waiting.
＊don't mind ...ing「〜してもよい」「〜してかまわない」

or 　彼にはどうぞごゆっくりとお伝えください。
Tell him to take his time.

受付で来客応対をする

● ABC社のブラウン様ですね。
Mr. Brown from ABC?
＊知っている人であれば、Good morning. How are you? などフレンドリーな挨拶を心がけましょう。

> or　You must be Mr. Brown from ABC?

● お待ちしておりました。
We've been waiting for you.
＊現在完了進行形を用いることに注意しましょう。

● どうぞこちらへ。ご案内いたします。
This way, please.
＊Please follow me.「ついてきてください」は失礼に聞こえる場合もありますので、避けたほうが無難な表現です。

> or　会議室までご案内いたします。
> **Let me show you to the meeting room.**

● 河村をお呼びしますので、どうぞお座りください。
Please have a seat and I'll get Ms. Kawamura for you.
＊日本語では担当者をお呼びします、と言いたくなる場面でも、staff in charge「担当者」という表現は書き言葉に使われる表現で、会話にはあまり使われないということを覚えておきましょう。名前を伝えるほうがより自然な会話になります。

> or　よろしければ、お座りになってお待ちください。
> **Please have a seat while you wait, if you'd like.**

● 2階の営業部へどうぞ。
Please come up to the Sales Department on the second floor.

- こちらへお名前と会社名、現時刻をご記入ください。
Could I ask you to write your name, your company name and the current time here?

- こちらが入館証になります。お帰りの際はこちらへ時刻を記入の上、入館証を返却してください。
This is a pass. When you leave, please just write the time here and return the pass.

- 今日は3名様がお越しになると伺っておりました。
I heard there'll be three people in your group.

　or　ほかにどなたかお出でになりますか。
　　　Is anyone else coming?

- 弊社の場所はすぐにお分かりになりましたか。
Did you have any trouble getting here?

- 何かお持ちしましょうか。
Is there anything I can get for you?

　or　**Can I get anything for you?**

- コーヒーや紅茶などはいかがですか。
Would you like coffee, tea …?

　or　こちら、日本茶です。お口に合うといいのですが。
　　　This is Japanese tea. I hope you like it.

出席者と挨拶をする

◉ ご無沙汰しております。
It's been a long time.

◉ 最近はいかがお過ごしでしたか（お元気でしたか）。
How have you been?

or　How have you been doing?
　　What have you been up to?

◉ ABCプロジェクトへのご支援、ありがとうございました。
Thank you for your help on the ABC project.
＊日本語のように曖昧な意味での感謝の表現は、英語にはあまりありません。何に対しての感謝なのか、具体的に言いましょう。

or　あなたのご協力に、非常に感謝しています。
　　I appreciate everything you've been doing.

◉ 加瀬太郎と申します。よろしくお願いします。
My name is Taro Kase. It's nice to meet you.

◉ 紹介します。彼女はこのプロジェクトを手伝ってもらうりえ、川村りえです。
Let me introduce someone. This is Rie, Rie Kawamura. She's going to help us on this project.

or　こちらが長良川です。彼がこのプロジェクトの企画者です。弊社はこのプロジェクトに大変期待をしています。
　　This is Nagaragawa. He's the person behind this project. We're counting on this project.

● マイケルさん、こちらがロバートさんです。ロバートさん、マイケルさんです。

Michael, this is Robert. Robert, Michael.

＊アメリカの現代ビジネスシーンでMr.やMs.が使われることはあまりありません。例え取引先でもファーストネームや名字だけで呼ぶことが多くなっています。上司を紹介するときも同じです。なお、ヨーロッパや、格式を重んじる社風の場合Mr. / Ms.を好むこともありますので、その場に合うやり方に従うべきでしょう。

● ABCコミュニケーションでの今回のプロジェクトのシステム管理は、マイケルさんに行ってもらいます。

Michael is taking care of the system management for this project at ABC Communications.

or ロバートさんは本社から4月に日本支社に転勤してきました。
Robert was assigned to the Japanese branch from headquarters in April.

● お名前はかねてより伺っております。

I've heard your name several times.

＊初対面の人に対してよく使われる定番表現です。

or ようやくお会いできて光栄です。
It's an honor to finally meet you.

● こちらまでどれくらいかかりましたか。

How long did it take you to get here?

or 迷いませんでしたか。
You didn't get lost?

出席者と挨拶をする

◉ フライトはいかがでしたか。
How was your flight?

or　時差ぼけはしていませんか。
Do you have jet lag?

昨日はゆっくり休めましたか。
Did you get rested up yesterday?

◉ 最後にお会いしたのは2002年の会議の時でしたね。
The last time I saw you was at the conference in 2002.

＊The last timeとI saw youの間にはwhenが省略されています。

or　お会いするのは、2002年以来ですね。
I haven't seen you since 2002.

第2章　司会者の決まり文句

会議を始める

Track 10

◉ みなさま、本日はお集まりいただきありがとうございました。
I'd like to thank everyone for coming today.

or お忙しい中、お時間を割いていただきましてありがとうございます。
Thank you for taking time out of your schedule.

◉ そろそろ始めましょうか。
Why don't we get started?

＊Why don't we ...? はLet's ... と同じ「〜しましょう」「〜しませんか」という意味です。

or 10時になりましたので始めましょう。
It's 10:00. So let's get started.

◉ 時間が限られておりますので、議題に集中していきましょう。
We don't have much time, so let's try to stick to the agenda.

＊stick to ...「(仕事・勉強に) 専念する」

◉ 議題に関して忌憚(きたん)のないご意見をお願いいたします。
Please let me know what you think about the agenda. Don't hold back.

＊hold back「控える」「抑える」

◉ 携帯電話は電源を切るかマナーモードに設定してください。
Please turn off your phones or set them to manner mode.

or 会議中の電話はお控えください。
No telephone interruptions, please.

進行役・ほかの役割の紹介

Track 11

● 私が本日、司会進行役を務めます。
I'll be conducting today's meeting.
＊conductはややフォーマルな表現です。

or　私が本日進行をさせていただきます。
I'll be running today's meeting.
＊runningを使うと、より柔らかい表現になります。

I'll be emceeing the meeting today.
＊emcee「司会をする」

私が進行役をいたします。
I'll be the facilitator.
＊facilitator「まとめ役」

酒井さんに進行役をお願いしました。
We asked Sakai-san to be the facilitator.

● 通訳の北川さんです。
Our translator is Kitagawa-san.

or　あちらのブースに同時通訳の方がいらっしゃいますので、ご入用の方はイヤホンをご利用ください。チャンネル1が英語、チャンネル2が日本語です。
There's a simultaneous translator in the booth, so please use the earphones if needed. English is on Channel 1 and Japanese is on Channel 2.

● 本日はジュディさんが書記をさせていただきます。
Judy is the note-taker today.

or　弊社インターン生のジュディさんが会議内容を記録します。
Judy, an intern here, will be taking the minutes.
＊minutes「議事録」

進行役・ほかの役割の紹介

● 彼女が会議内容をまとめ、みなさまに報告書を送付いたします。
She'll summarize the meeting and send everyone a copy.

＊比較的規模の小さな打ち合わせの結果をまとめたものはmeeting summaryやmeeting notesと言います。一方、minutes「議事録」は規模が大きい会議の主要事項を記録する、公共性の高いものと考えられます。

or ジュディさんが後日みなさまに会議報告書を送付いたします。
Judy will send the meeting notes to you later.

● 本日は南さんに時間管理をしていただきます。
We'll have Minami keep track of time today.

＊＜have someone＋原形不定詞＞は「（人）に～をさせる」という意味ですが、命令的な意味はなく、「～してもらう」といったニュアンスの表現です。

or タイムキーパーは南さんです。
The time keeper is Minami.

会議の進行予定を伝える

Track 12

● 最初の30分は役員会での決定についてご報告いたします。
I'll spend the first 30 minutes on the decision by the board of directors.
＊board of directors「取締役会」「役員会」「理事会」

or 最初の30分はこれまでの経緯についてご報告いたします。
In the first 30 minutes, I'll tell you about what's happened so far.

● 本日は3つの議題について話し合いましょう。
Let's talk about three things today.
＊議題は必ずしもagendaと表現する必要はなく、three thingsやthree issuesでも十分に通じます。

or 本日は3つの論点について討議しましょう。
Let's discuss three issues today.

● 1時間の質疑応答時間を取ってあります。
We have an hour for questions and answers.

or 最後の1時間は質疑応答にあてます。
The final hour will be for questions and answers.

● 最初の話し合いの後、20分の休憩を取りましょう。
Let's take 20 after the first session.
＊session「会議」。take 20はtake a 20-minute breakの意味です。

or 最初の話し合い終了後、20分のブレイクを取ります。
After the first session, we'll take a 20-minute break.

会議の進行予定を伝える

◉ 昼食の時間は12時半から1時半までです。
Lunch will be from 12:30 to 1:30.

or 12時半から、1時間半の昼食の休憩を取りましょう。
Let's take a 90-minute lunch break at 12:30.

◉ 本日の会議は、1時間の昼食時間をはさんで3時間を予定しております。
Today's meeting will be three hours, with an hour for lunch.
＊会議の途中に休憩などが入る場合は、このようにwithを使って表現します。

or 3時間の会議後、1時間の昼食時間を取ります。
We'll go for three hours and take an hour for lunch.

◉ お手元の進行予定表をご覧ください。
Please look at the agenda in front of you.

次の議題へ移る

○ 次は本日の主要議題です。
Next is today's main topic.

○ この件については十分時間をかけたと思います。
I think we've spent enough time on this topic.

○ 次の議題です。
Let's go to the next topic.

> or　次の議題へ移りましょう。
> Why don't we move on to the next topic?
>
> 次の議題は何ですか。
> What's next on the agenda?

○ 時間が限られています。次の議題へ移らなければなりません。
Time is limited, so we have to move on to the next topic.

> or　次の議題について話し合う時間です。
> It's time to talk about the next topic.

○ 次は販売キャンペーンについてお話ししたいと思います。
I'd like to discuss the sales campaign next.

> or　次の議題は販売キャンペーンです。
> The next topic is the sales campaign.

発言を促す

Track 14

● ご意見をお伺いしたいと思います。
Please let me know what you think.
＊let me know ... はI'd like to know ... とも言えます。相手に対して、強制や圧迫感のない表現です。

> or　考えていることを発言してください。
> **Just say what's on your mind.**

● 遠慮せずに何でもおっしゃってください。
Don't hesitate to say whatever you think.
＊Don't hesitate to ...「遠慮なく〜してください」の定番表現です。

> or　どんな意見も大歓迎です。
> **We welcome all opinions.**

● 挙手をして、名前が呼ばれるまでお待ちください。
Please raise your hand and wait to be called on.
＊wait to be called on「名前を呼ばれるまで待つ」

> or　ご意見のある方は、挙手をお願いします。
> **If you have something to say, please raise your hand.**

● 別の意見はありますか。
Are there any disagreements?

● 反論は歓迎です、ただし、建設的なご意見をお願いします。
Criticism is welcome, if it's constructive.
＊反論や批判は必ずしも排除すべきものではありませんが、このようにif ... 以下の条件をつけて円滑な会議運営を心がけましょう。

> or　建設的な意見をお願いいたします。
> **Let's try to keep the comments constructive.**

● 発言は、言いたいことをひとつに絞ってください。
Please keep your comments to one topic.
＊この場合の「テーマ」は英語ではtopicです。

or 言いたいことを絞ってください。
Please focus on the topic.
＊focus on「焦点を絞る」

● みなさんが発言できるよう、発言は手短にお願いします。
Please keep your comments brief so everyone can speak.
＊このsoはso that ...「〜するように（できるように）」と目的を表します。その場合後ろの文章には通常canやwillのような助動詞がきます。

or なるべく多くの方に発言していただきたいと思っています。
We'd like comments from as many people as possible.

● 会長から挨拶があります。
Our chair has a few words for us.

or We'll now hear a few words from our chair.

営業部長のスティーブさんからの報告です。
We'll now have a report from Steve-san, the head of sales.

国際部から昨年の営業推移について話してもらいます。
The International Department will tell us about sales trends for last year.

スティーブさんに昨年の国際部の営業推移について話してもらいます。
We'd now like Steve-san to tell us about sales trend for last year in the International Department.

進行上の注意をする

Track 15

● 話し合いに加わってください。
Please join in.

or　ちゃんと聞いていますか。
Are you with us?

● ご自分の意見をお願いします。
Don't sit on the fence.
＊sit on the fenceは「塀の上に座っている」すなわち、「自分の意見を出さずに上から形勢をうかがっている」という意味。

or　傍観していないでください。
Don't stay on the sidelines.
＊sidelinesは「本線から分かれた支線」「第三者としての立場」。stay on the sidelinesで「傍観している」という意味です。

● 少し先走っているようですね。
It looks like we're getting ahead of ourselves.
＊get ahead of *oneself* は直訳すれば「自分自身より先に出る」「自分自身を抜く」。つまり「先走る」という意味になります。

or　順序通りに話しましょう。
Let's talk in order.

● 少し言い過ぎではないかと思います。
I'm afraid you've gone too far.

or　そんなに攻撃的にならないでください。
Please don't be so aggressive.

◉ 落ち着いていただけますか。
Could you restrain yourself?
＊restrain *oneself*は「自分自身を抑える」「抑制する」。すなわち「冷静になる」こと。

or　冷静になりましょう。
Let's calm down.

休憩に入る

- 少し休憩を取りましょうか。
  Why don't we take a short break?
  - or: How about a short break?
    - 20分のコーヒーブレイクを取りましょう。
      Let's take a 20-minute coffee break.

- きりのいいところで、15分ほど休憩を取りましょう。
  When we get a moment, let's take a 15-minute break.

- 休憩前にひとつだけご質問を受けます。
  I'll take one question before the break.

- トイレは部屋を出て、左手にございます。
  The restrooms are out the door and to your left.

- 11時までにはお戻りください。
  Please be back by 11:00.
  - or: 11時ぴったりに再開いたします。
    We'll begin again at 11:00 exactly.

- 時間が押しております。遅れないようにお願いします。
  We don't have much time, so don't be late.
  - or: 遅れる方がいた場合も、そのまま始めさせていただきます。
    If you're late, we'll start without you.

昼食の案内

Track 17

● そろそろ昼食の時間にしたいと思います。
We're almost ready for lunch.

or そろそろ午前の会議を終了します。
The morning session is just about finished.

● みなさんにお弁当を用意してございます。
We have lunches for everyone.
＊この場合、lunchesは具体的に「お弁当」を表していますので、複数になっています。

or お席でお待ちください。お弁当を配ります。
Please remain seated, and we'll pass out the lunches.

● このビルの7階に社員食堂がございますので、ご利用ください。
There's an employee cafeteria on the 7th floor where you can eat.
＊「社員食堂」はcompany cafeteria, staff canteenと言うこともできます。

or それほどメニューは豊富ではありませんが、社員食堂がございます。
There aren't many choices, but we do have an employee cafeteria.

● 社員食堂はございませんが、地下のレストラン街をご利用いただけます。
We don't have an employee cafeteria, but there's a food court in the basement.

or 地下にレストラン街がございます。
There's a food court in the basement.

会議を再開する

- そろそろ休憩時間を終了させていただきます。
  I think break time is about over.
  - or そろそろ着席願います。
    Why don't we get seated?
  - みなさん、リフレッシュされましたか。
    I hope you're feeling refreshed.

- 準備がよろしいようでしたら、そろそろ再開させていただきます。
  If everyone's ready, we'll get started again.
  - or みなさんお戻りですか。
    Is everyone back from the break?

- （先ほどの）予算の話を続けましょう。
  Let's continue with the budget.

- それでは、本題に戻りましょう。
  Let's get back to the main issue.
  - or 本題についてもう少し話し合う必要があります。
    We need to talk some more about the main issue.

- 次の休憩は3時を予定しています。
  The next break is scheduled for 3:00.

  *be scheduled for ...は「〜に予定されている」という意味です。会議をスムーズに運ぶひとつの方法として、折を見て予定を伝えることが挙げられます。

時間がないことを伝える

Track 19

○ あまり時間がありません。
We don't have much time left.
*〈have + 時間 + left〉は残り時間を伝えるときの決まり文句です。

or 残り時間は限られています。
Time is limited.

残り時間が少なくなってきました。
We're running out of time.

時間がほとんどなくなってきました。
We're almost out of time.

○ みなさん、残り時間はあと30分となりました。
Everyone, we only have 30 minutes left.

or 残り時間はあと20分ほどです。
We have just 20 minutes left.

あと10分で終了しなければなりません。
We have to finish up in 10 minutes.

○ 先にお知らせしましたように、会議は4時に終了しなければなりません。
As I said, we need to finish at 4:00.

or 申し訳ありませんが、時間切れです。
I'm afraid we're completely out of time.

残念ですが、まったく時間がありません。
I'm sorry, but we don't have even another minute.

○ すでに時間が過ぎています。
We've already gone overtime.

不手際を詫びる

- 会議の始まりが遅れましたことをお詫びいたします。
I'd like to apologize for the late start.

*apologize「謝罪する」はフォーマルな表現です。I'm sorry for ... は、I'd like to apologize for ... よりフォーマル度が低くなります。

> or　本日始まりが遅くなりましたことは私の不手際です。申し訳ありませんでした。
> **The late start today was my fault. My apologies.**

- 時間が限られており、大変申し訳ありません。
I apologize for the limited time.

> or　全員の発言の時間がとれず申し訳ありません。
> **I'm sorry we didn't have time for everyone's comments.**

- 機器がご用意できませんでした。申し訳ありません。
I'm afraid I couldn't get the equipment ready. I'm sorry about that.

- 資料をご用意しているところです。お待たせして申し訳ありません。
I'm sorry to make you wait for the handouts.

> or　資料をお待ちいただきありがとうございます。
> **Thanks for waiting for the handouts.**

- 会議室の手配に手違いがあったことをお詫びします。
I'm sorry about the mix-up over the meeting room reservation.

*mix-up「手違い」「間違い」「混乱」

> or　手違いをお詫びいたします。
> **I have to apologize for the mix-up.**

とっさに言葉が出ないときの相槌

　公式であれ、非公式であれ、会議やミーティングで発言する場合には、自分の発言に責任を持たなければなりません。あなたの発言があなたの所属する部や課を代表する場合もあれば、会社を代表する場合もあります。迂闊な発言は避けたいものですが、次に何を言うべきか考えたいからといって黙り込んでしまうのは、NGです。そんなときにぜひ覚えておきたいのが、とっさに言葉が出ないとき、話の流れを断ち切らずに上手に時間を稼ぐ方法です。

表現例

うーん、何と申し上げればいいのでしょうか。
Um ... how can I put it?

そうですね。どう申し上げればいいのか、分からないのですが。
Let me see. I'm not sure how to put this.

ええと、うーん、何と申し上げて言いか分からないのですが。
Well ... um ... I'm not sure what to say.

そうですね、どちらかと言えばですね…。
Well ... I'm sort of ...

ええと、よく考えさせてください。
Well, let me think that over.

あの、要するにですね…。
Ah ... the thing is ...

　また、Could you tell us briefly about ...?「〜について少しご説明願えますか」のように、逆に相手に質問をしたり、George, could you tell us briefly about ...?「ジョージ、皆さんに〜について簡単に説明してくれますか」のように同僚に説明を頼んだりするのもよい方法です。ほかの人が発言している間に、次の言葉を考えましょう。
　慌てて発言することが得策でない場合は、Let me get back to you on that.「その件につきましては、のちほどご連絡します」と言って次のトピックに移ってもよいでしょう。

第3章 報告・提案

資料を配る／資料を見ながら説明する

● 資料をお配りいたします。
Here are the materials.

> or　資料をお配りいたします。2種類の資料をご用意しています。
> **Here are the materials. There're two types.**

● 資料Bはプレゼンテーションの資料です。
Printout B is for the presentation.

> or　のちほどのプレゼンテーションの際に、資料Bをご覧ください。
> **Packet B is for the upcoming presentation.**

● こちらの資料は極秘資料です。
This material is confidential.

＊highly confidentialはさらに表現を強めたい場合に使います。必要に応じて出席者に、confidentiality agreement「秘密保持契約」へのサインを求めることもあります。

> or　こちらの資料はマル秘資料です。
> **This information is proprietary.**

● こちらの資料は持ち出し禁止です。
This material can't be taken out of this room.

> or　こちらの資料は会議後回収させていただきます。
> **I need this material back after the meeting.**

● このデータはお帰りになるときに、配布資料としてお渡しいたします。
This data is in the handouts we'll give you when you leave.

● コピー禁止です。
Copies aren't allowed.

> or　こちらは取り扱いにご注意願います。
> **Please be careful with this.**

● こちらはすべてお持ち帰りください。
Please take this material home.
＊この場合のhomeは「家へ」というよりも「会社へ」と考えます。

> or　こちらの資料は次回会議にお持ちください。
> **Please bring this material to the next meeting.**

> みなさん、資料はお持ちですか。
> **Has everyone received the handouts?**

● お手元の資料と、プロジェクター画面の中央をご覧ください。
Please look at the material and the middle part of the screen.

> or　デスクに1部ずつ配りました資料を参照してください。
> **Please have a look at the material I put on your table.**

● 資料A右上の表をご覧ください。
Have a look at the chart in the upper-right corner of Material A.

> or　左上のグラフをご覧ください。
> **Look at the graph in the upper-left corner.**

> 中央の人口統計をご覧ください。
> **Have a look at the population statistics in the center.**

資料を配る／資料を見ながら説明する

- 資料Aを飛ばして、資料Bから始めたいと思います。
  Let's skip the material marked A and go to B.

- 本日は議題Aに沿って進めていきます。
  Today we'll follow Agenda A.

  > or 過去5年間の予算と経費を参照しながら話を進めていきましょう。
  > **Let's move ahead while referring to the budget and expenses for the last five years.**

- 数字につきましては、昨年第3四半期までのものです。
  The figures are up to the third quarter of last year.

- この件につきましては、巻末資料に載っております。
  This issue is covered in the appendix.

- 今4ページの話をしております。
  We're now on page 4.
  ＊「ただ今4ページ上におります」すなわち「4ページ上を進行しております」の意味。

- 本日ご用意できなかったデータがありますが、2、3日中に送付させていただきます。
  I didn't have time to prepare some of the data, but I'll send it to you within a couple of days.

  > or 本日ご用意できなかったデータにつきましては、後日送付させていただきます。
  > **I'll send you the data I was unable to prepare today later.**

前回の会議の内容を確認する

Track 22

● 議題に入る前に、前回の会議についていくつか確認しましょう。

Before starting, let's cover a few points from the previous meeting.

＊cover「取り上げる」

or　前回の会議に欠席した方もいらっしゃいますので、前回会議の概要に触れます。
Some people missed the previous meeting, so let's summarize what we talked about.

● 前回会議の内容について要約いたします。

Let me review the meeting before this.

＊the meeting before thisは「この（会議の）前の会議」すなわち前回の会議のことです。

or　前回の会議の内容確認をしてよろしいですか。
Can we go over the previous meeting?

● 前回の会議ではこのようなことが話し合われました。

These are the things we talked about at the last meeting.

● 前回の会議内容のうち何点かを確認するために、最初の30分を当てたいと思います。

Let's take the first 30 minutes to verify some points from the last meeting.

今回の議題の確認をする

Track 23

● まず、みなさんと議題を確認したいと思います。
I'd like to go over the agenda with everyone.
＊この場合の「確認する」は、go over（直訳では「見直す」）です。

or　すでにお知らせしてありますが、今一度議題を確認させていただきます。
I've already sent you an agenda, but let's just go over it.

● 本日は結論を出さなければならない議題が2つあります。
There are two decisions we have to make today.

or　決定が出なければ、終われません。
We can't go home until we decide what to do.

● 3番目の議題につきましては、時間が許せば、討議したいと思います。
If we have time, we'll talk about the third issue.
＊「時間が許せば」はIf we have timeでOKです。

or　3番目の議題は緊急ではありません。
The third issue isn't so urgent.

● 本日の主要議題は、資料にもありますように、宣伝費の効果的な回収についてです。
Our main issue today is, as in the materials, how to effectively recover the ad costs.
＊as in the materials「資料にもあるように」は会議中よく使われる表現です。このまま覚えてしまいましょう。

or　本日は、広告費予算の効果的な使い方を決定したいと思います。
Today we have to figure out how to effectively use our ad budget.

● なぜこれが本日の主要議題なのか、ジョージから簡単にご説明させていただきます。

George will briefly tell us why this is the main issue today.

or 本日は、この問題に現実的に対応する方策を考えたいと思います。

Today we need to come up with a practical way to deal with this problem.

結果を報告する

朗報です。
I have good news.

or　朗報です。役員会で我々の案が承認されました。
I have good news. Our proposal was approved by the board of directors.

我々の企画が委員会を通りました。
Our proposal made it through the committee.

お知らせがあります。昇給の予算が承認されました。
By way of announcement, the pay increase budget was approved.

*By way of announcement …「お知らせがあります」は報告をするときの前置き表現です。

or　少しご報告があります。
I'd like to make a couple of announcements.

残念なお知らせがあります。
I have bad news.

or　残念なお知らせがあります。プロジェクトを延期せざるを得なくなりました。
I have bad news. We have no option but to postpone the project.

プロジェクトの実施まで、あと数か月待たなければなりません。
We have to wait for a few months to implement this project.

新しいコスト削減案についてご報告しなければなりません。
I have to tell you about the new cost reduction plan.

● みなさんのご尽力のおかげで、予想以上の売り上げとなりました。
Thanks to your efforts, our sales were higher than expected.

＊thanks to ...「〜のおかげで」にはポジティブなニュアンスがあります。due to ... はポジティブとネガティブ両面に使われますが、どちらかと言うとネガティブな意味合いで多く使われています。

or 円高のため、売り上げが落ち込みました。
Due to the strong yen, our sales dropped.

● 森本さんが市場調査の結果について最新情報を報告してくれます。
Mr. Morimoto will give us an update on the results of the market study.

＊updateは「最新情報」という名詞のほかに、「最新のものにする」「更新する」という意味の動詞としても使えます。

or 森本さんに市場調査の最新情報を報告してもらいます。
We'll have Mr. Morimoto update us on the market study.

● A社との共同作業がうまく行っていないことをご報告しなければなりません。
I have to tell you that our collaboration with A Corporation isn't going very well.

or 我々の選択は必ずしも最善のものではないことをご報告いたします。
Let me tell you that our options aren't necessarily the best ones.

● このままでは目標達成は非常に難しいでしょう。
It will be difficult to meet this goal at this pace.

or このままの数字では、工場を閉鎖しなければならないでしょう。
If these figures continue, we'll need to close the factory.

現状・進行状況を報告する

Track 25

● 進捗状況報告書をご覧ください。
Please have a look at the progress report.

or　少し時間を割いて、建設プロジェクトの進捗状況についてご報告したいと思います。
Let me take a minute to tell you about the progress on the construction project.

● すべて予定通りです。
Everything's on schedule.

or　プロジェクトは予定通りに進んでいることをご報告させていただきます。
I'm happy to tell you that our project is on schedule.

● 計画通りに終了しそうもありません。
I'm afraid we can't finish as planned.

or　予定通りには終わりそうにありません。
It looks like we're not going to finish up on schedule.

● 残念ですが、2週間ほど予定より遅れています。
I'm sorry to say we're two weeks behind schedule.

＊behind schedule「予定より遅れている」の応用として、a little behind schedule「少し遅れている」、way behind schedule「大幅に遅れている」とも言えます。

or　予定通りには終わらないでしょう。
We won't be able to finish on time.

● 予定通りに終えるためには、遅れを取り戻さなければなりません。
To finish on time, we have to catch up.

＊catch upには「遅れを取り戻す」以外に「追いつく」「理解する」などの意味があります。

or　遅れを取り戻しましょう。
We'd better catch up.

● プロジェクトは予定より早く進行しています。
The project is ahead of schedule.
＊ahead of schedule「予定より早く」の応用として、a little ahead of schedule「少し早く」、way ahead of schedule「かなり早く」などの表現があります。具体的な時間を入れてone month ahead of schedule「1か月早く」などと言うこともできます。

● 最初の頃は、何の反響もありませんでした。
In the beginning, there was no response.
＊in the beginning「当初」「初めの頃は」。in the beginning of the 1990sだと「1990年代初頭に」となります。

> **or** プロジェクトがスタートした頃には、特に大きな反応はありませんでした。
> **When we first started, the response wasn't very big.**

● 時間が経つにつれて、プロジェクトチームも順調に機能し始めました。
After a while, the project team started to work efficiently.
＊After a while, ...「しばらくすると」 start to ...「〜し始める」

> **or** 時間の経過に伴い、プロジェクトチームの結束も固まってきました。
> **As time passed, the project team started to work better as a team.**

● 今後、大きな変化が期待できそうです。
I'm sure we can expect a big change from now on.
＊from now on「今後」

> **or** 近いうちの変化に期待しましょう。
> **Let's hope for a change soon.**

現状・進行状況を報告する

◉ 日を追って、売り上げが伸びています。
Sales are increasing every day.
＊increase every day「日を追って伸びる」。increase with each passing dayと言うこともできます。

or　日に日に波及効果が現れてきています。
We're seeing a bigger ripple effect with each day.
＊ripple effect「波及効果」

◉ 次の3か月間で数値目標を達成できそうです。
I'm sure we can achieve our target within three months.
＊within three months「3か月間で」「3か月の終わりまでに」

or　2年以内に売り上げを2倍にしなければなりません。
We need to double our sales within two years.

◉ 来年の3月までには、生産ラインの見直しをはかるつもりです。
We plan to redesign our production line by March of next year.
＊by ... of next year「来年の〜までには」。「見直し」と言えばreviewを思い浮かべるかもしれませんが、こちらは「再度考え直す」場合に使います。上の例文のような意味の「見直し」には、実際に「何らかのアクションを起こす」「対応する」ことを意味するredesignを使います。

or　年末までには、合併が完了する見込みです。
We expect the joint venture to be completed by the end of the year.

期間・金額を交渉する

Track 26

◉ 納期を前倒しすることはできますでしょうか。
Do you think it would be possible to move up delivery?
＊Do you think it would be possible to ...?は、とても丁寧な依頼の表現です。

or 納品日を前倒ししていただけますか。
Would you be able to move up the delivery date?

◉ 金曜日にはできそうですか。
Do you think maybe you could do it on Friday?
＊Do you think maybe you could ...?はソフトな依頼の表現です。

or 金曜日に仕上げていただけますか。
Maybe you could do it on Friday?

◉ 金曜日に配達していただくことはできますか。
Can we get you to deliver it on Friday?

or 金曜日の納期ではいかがですか。
What about delivery on Friday?
＊くだけた略式のお願い表現です。

◉ もし価格を下げられないなら、取引はできませんね。
Unless you can lower the price, there's no deal.
＊これはとても強い要求です。

or もし20パーセントの価格引下げができなければ、取引はなしですね。
If you can't lower the price by 20%, the deal's off.

期間・金額を交渉する

◉ 価格を引き下げていただきたいと思います。
We'd like you to lower the price.
＊We'd like you to ... はやや強めに依頼をするときの表現です。

or 価格を20パーセント引き下げていただかなければなりません。
We need you to lower the price by 20%.

◉ もし価格を引き下げていただけるのであれば、ほんとうに恩に着ます。
If you could lower the price, I'll really be indebted to you.
＊必死さを伝えるお願いの表現です。be indebted to ... は「〜に恩義がある」「恩に着る」という意味です。

or もし価格を下げていただければ、ご厚意には必ず応えます。
If you could lower the price, I promise to pay you back the favor.

◉ 申し訳ありませんがもう少し仕事のペースを上げてもらわないと、この事業が４月に間に合わなくなります。
I'm sorry, but if you don't pick up the pace, the project won't meet the April deadline.

提案する／提案を促す

Track 27

● ご提案があります。
I have a suggestion.

or　いくつかご提案したいのですが。
I would like to make a couple of suggestions.

● あらゆる可能性を考えるべきだと思います。
I suggest we consider all the possibilities.

or　あらゆる可能性を考えてみましょう。
Why don't we consider all the possibilities?

● 市場調査を行ってみてもいいですね。
We could conduct market research.

＊We could ... は、提案したいときにネイティブがよく使う表現です。100パーセントの確信のある提案というよりも、こんなこともできますよ、という可能性を示唆した表現です。

or　人事評価の導入を提案します。
I propose that we start doing personnel evaluations.

● 全従業員に対する研修についてはどうお考えですか。
What do you think about training for all employees?

＊What do you think of (about) ...?は相手に提案するときの控えめな表現です。

or　アウトソーシングのデメリットについてはどうお考えですか。
What do you think about the demerits of outsourcing?

● どうすべきだと思いますか。
What do you suggest we do?

or　何かご提案は？
Do you have any suggestions?

理由を述べる

● 私がそう判断した理由は2つあります。
There're two reasons for my choice.

or 私がそう判断した理由は2つあります。ひとつは安定した価格、もうひとつは品質です。
There're two reasons for my choice. The first is stable price, and the second is quality.

価格と品質を元にして決断しました。
I based my decision on price and quality.

● 業務不振の主な理由は、社員のやる気の低下にあります。
The main reason for our poor performance is a drop in employee motivation.
＊motivation「動機」「モチベーション」

or 社員の士気の低さが、利益を損なっています。
The poor employee motivation has really hurt our profits.
＊「士気」はmoraleとも言い換えられます。

● ご説明しましたデータから導き出した結論が、次です。
The conclusion drawn from the data I just talked about is as follows.

or 競合製品の売り上げから、弊社の商品も同様もしくはそれ以上の売り上げを見込んでいます。
Considering our competitors' sales, we can expect our model to sell as well or better.

よって、前年度に比べ経常利益の10パーセント増を見込んでいます。
Therefore, we can expect ordinary profit to rise by 10%.
＊この場合、rise by 10%は「前年度に比べて」という意味が含まれています。

● 経費節減のために、私がゴーサインを出しました。
I gave the go sign to save costs.
＊give the go sign「ゴーサインを出す」。類似表現にgive the green light「認可する」「公式認可する」があります。

> or　経費を節減したかったので、私が承諾しました。
> **I said yes because I wanted to cut costs.**

● 昨年の好調な売り上げを元に決断しました。
I based my decision on the strong sales last year.

> or　昨年は売り上げが好調でしたので、可能だと考えています。
> **Sales were strong last year, so I think it's possible.**

● 時間がかかり過ぎますね。
It'll take too long.

> or　時間がかかり過ぎるので、この提案には反対いたします。
> **I'm against that because of the time needed.**

> いいとは思いますが、十分な時間がありません。
> **I like it, but there's not enough time.**

● これはリスクがあり過ぎます。
This is too much risk for us.

> or　私が反対するのは、まだ我が社にリスクを受け入れる準備がないからです。
> **I'm against it because we're not ready to take on the risk.**

分析・比較する

Track 29

◉ この状況を分析する必要があります。
We need to analyze this situation.

or この問題を調査する必要があります。
We need to investigate this problem.

◉ 本当にこれが原因でしょうか。
Is this really the cause?

or これが主な原因ということは確かなのですか。
Are you sure this is the main cause?

◉ 長所と短所を見てみましょう。
Let's look at the advantages and disadvantages.

or **Let's look at the merits and demerits.**
Let's look at the drawbacks and advantages.
Let's look at the good points and bad points.

（物事の）両面を見てみましょう。
Let's look at both sides.

◉ 2案を比較してみましょう。
Let's compare the two plans.

or 2案の資金調達方法を比較してみましょう。
Let's compare the methods for gathering capital in the two plans.
＊「資金調達方法」は「資金を集める方法」と考えましょう。

競合他社A社と比較をしてみましょう。
Let's compare our sales with Company A, our competitor.

◉ その2社を比較することはできません。
Those two companies are like apples and oranges.
＊like apples and orangesとは「（まったく別の性質を持っているため）比較することはできない」という意味で使います。

> or　その2社は比較しようがありません。
> **There's no way to compare those two companies.**

◉ 比較として、昨年のことについてお話ししたいと思います。
For comparison, let me tell you what happened last year.
＊for comparison「比較のために」「ちなみに」

> or　比較しますと、昨年の売り上げは6月に20パーセント増になりました。
> **By comparison, last year sales increased 20% in June.**

◉ 我が社の売り上げは前年同期比で、急激に伸びました。
Our sales increased sharply on the year.
＊on the year「前年（同期）比」

> or　我が社の売り上げは1年前から急激に上がっています。
> **Our sales are up sharply from a year ago.**

◉ 売り上げはかつてないほど好調です。
Sales now are better than ever.
＊than ever「かつてないほど」

> or　今年の売り上げは通常よりずっと好調です。
> **Sales this year are far better than normal.**

分析・比較する

◉ 今四半期の売り上げと前年同時期の売り上げを比較してみましょう。

Let's compare sales this quarter with the same quarter of the previous year.

＊quarterは「1年の4分の1」すなわち「四半期」の意味です。first quarterは「第1四半期」、second quarterは「第2四半期」、third quarter, fourth quarterと続きます。

or 今四半期と1年前の売り上げを比較してみましょう。
Let's compare sales this quarter with a year ago.

例を挙げる

Track 30

◉ よい例を申し上げます。
Let me give you a good example.

or よい例があります。
I have a good example for you.

◉ ひとつ例を挙げたいと思います。
Let me give you an illustration.
＊このillustrationはexampleと置き換えることができます。

or これをご説明したいと思います。
Let me illustrate this for you.

◉ 別の見方ができると思います。例えば…。
There are different ways to look at this. For example, ...

or 私たちにはさまざまな選択肢があります。例えば…。
We have a lot of different options. For example, ...

◉ 顧客満足度の低下がひとつの例でしょう。
A drop in customer satisfaction is one example.

or 例えば、顧客満足度が低下することもあり得るでしょう。
Customer satisfaction could drop, for example.

例を挙げる

◉ 例えば、もし200個買ってくださるのであれば、1個あたりの価格は59ドルになります。

If, for example, you buy 200 units, the unit price would be $59.

> or　ですから、もし200個買ってくださるのであれば、(1個あたりの)価格は59ドルになります。
> **So if you buy 200 units, the price would be $59.**

◉ 例えば、ABC社はコストを20パーセント削減できました。

ABC Company, for example, was able to cut costs by 20%.

> or　ABC社のような会社は、コストを20パーセント削減しました。
> **Some companies, like ABC, cut their costs by 20%.**

別の視点を提案する

● こんなふうに考えてみましょう。
Let's think about it this way.
＊別の提案をして、間接的に相手の意見に反対の意を表すときの表現です。

or　別の考え方をしてみましょう。
Let's think about it another way.

別の考え方もあります。
Here's another way to think about it.

別の見方もあります。
There's a different way to look at this.

● これではどうでしょう。
What about this?

or　こんなふうに考えるのはどうでしょうか。
How about thinking about it this way?

● 時間をかけてもう一度考えてみましょう。
Let's take a minute to think about it again.

● すべては考え方次第ですよ。
It all depends on how we look at it.
＊it all depends on ... は「すべては〜次第である」という意味。

or　考え方を変えれば、別の面が見えてきますよ。
If we change our perspective, we'll see things a different way.

別の視点を提案する

● 前向きになれば、また違った局面が見えるはずです。
If we're more positive, we can see things differently.

or ネガティブになるのはやめましょう。
Let's not be so negative.

● 私たちは全体を見ていないと思います。
I think we're not seeing the big picture.
＊big picture「全体(像)」「大局」

or 一歩退いて、全体像を見る必要があります。
We need to step back and see the big picture.

● 細部を重点的に詰める必要があります。
We need to focus on the details.
＊focus on「重点的に扱う」

or 私たちは細部を考えていませんでしたよね。
We haven't considered all the details.

言い換える

Track 32

● 別の言い方でご説明したいと思います。
Let me put it another way.
*put「表現する」「説明する」

> or　このように言うこともできるでしょう。
> **You could put it this way.**

● 言い換えてみます。
Let me paraphrase.
*paraphrase「言い換える」

● 言い換えれば、遅れは失敗へとつながるということです。
In other words, a delay will lead to failure.

> or　遅延は失敗を引き起こすとも言えるでしょう。
> **We can also say that a delay will result in failure.**

● 簡単に言えば、少し様子を見る必要があるということです。
In simple terms, we need to wait and see.

> or　もう少し時間が必要だと言えるでしょう。
> **I can say we need a little more time.**

● つまり、売り上げです。
I mean ... sales.
*別の言い方で相手に対して理解を求めるときに便利な表現ですが、後ろにくるのは単語か短いフレーズに限ります。

> or　言いたいことはですね、売り上げなんです。
> **What I'm trying to say is ... sales.**

仮定の話をする

Track 33

● 売り上げが落ち込むと、どのようなことが起きるでしょうか。
What's the scenario if our sales fall?
＊scenarioは「シナリオ」すなわち、「起こりそうな筋書き」。

or 売り上げが落ち込むと、どのようなことが起きると考えられますか。
What do you suppose will happen if our sales drop?

● 売り上げの減少は想定内です。
The drop in sales was expected.
＊「〜は想定内である」は ... be within our expectationsと言うこともできます。

or 売り上げがこれほどまでに落ち込むとは想定外でした。
We didn't expect sales to drop this far.

● 今のまま景気の落ち込みが続くと仮定すると、一番影響を受けるのはどの部門ですか。
Assuming that the economy continues to weaken, what division will be most affected?
＊assumeは単に想像することとは違い、本人なりに推測できる根拠があって仮定をするときに使います。

or 今のまま景気後退が続くと仮定すると、誰が最も影響を受けるでしょうか。
If we assume the recession continues, who's going to be hurt the most?

● もし、アウトソーシングをしないと、今後5パーセントの人件費の増加が見込まれます。

If we don't do outsourcing, we can assume a 5% increase in labor costs.

＊outsource「(業務を) 外部委託する」

or アウトソーシングをしないと、人件費はおそらく5パーセント増加するでしょう。
Unless we outsource, labor costs will probably rise by 5%.

● 投入した資金が回収できないとします。すると、我が社の資本投資はどうなるのでしょうか。

Let's say we can't recover our investment. What will happen to our capital investment?

＊Let's say ... は「〜とすると」「〜だと仮定すると」のように仮の話のときに使える表現です。
capital investment「資本投資」

or 我々の投下資本が回収できないとすると、設備投資にはどのような影響があるでしょうか。
Let's suppose we can't recover our investment. How will that affect our facility investments?

＊facility investment「設備投資」

● 資材の資金調達がこれ以上困難になると仮定すると、どのような選択肢が考えられますか。

Assuming it will become more difficult to obtain capital for materials, what are our options?

＊「資金調達」はobtain capitalで表すことができます。

or 資材が購入できないとすると、どうしたらいいのでしょうか。
What are we going to do if we can't buy materials?

将来的な展望の話をする

● 現在この問題を解決しておくことで、将来的に大幅な利益が見込めます。
If we take care of this problem, we can expect a sharp increase in profits in the future.

> or　迅速に対応すれば、将来的に可能性が出てきます。
> **Quick action will create future opportunities.**

● 貴社の展望はいかがでしょうか。
How does your future look?
＊「貴社」をyour companyと言う必要はありません。youで十分意味が通じます。「弊社」はweで表すことができます。

> or　貴社の将来の展望は明るいでしょうか。
> **Is your future bright?**

● 今後の展望を占うのは、現時点では難しいと思います。
It's hard to predict the future at this point.
＊「展望を占う」は「未来を予測する」と考えればよいでしょう。

● どうなるのか、しばらく様子を見ましょう。
We'll just have to wait and see what happens.

> or　できるだけのことはしました。先行きを判断するにはあとひと月必要です。
> **We did all we could. We need another month to decide on the future.**

◉ 人件費の削減は将来的にプラスの要素になりますか。
Will labor cost cuts be a positive factor for the future?

＊labor cost cuts「人件費の削減」。positive factorの反対はnegative factorです。一緒に覚えておきましょう。

◉ 価格の引き上げは当社の将来にどんな影響がありますか。
How will price hikes affect our future?

or　価格を引き上げることのデメリットについて考えてみましょう。
Let's think about the demerits of price hikes.

今後の課題を明確にする

- まず問題を明確にしましょう。
Let's first identify the problems.

- 我が社の戦略を明確にする必要があります。
We need to clarify our strategy.

  > or 明確な戦略なくしては、何もできません。
  > **Without a clear strategy, we can't do anything.**

- 技術面での向上が我々の最大の課題ではないかと思います。
I think improving technology is our biggest task.

  > or 我々は技術に重点を置く必要があると思います。
  > **I think we need to focus on technology.**

- 環境問題への配慮が必要です。
We need to think carefully about the environment.

  > or 環境に害を与えないよう、注意しなければなりません。
  > **We need to make sure we don't hurt the environment.**

- 価格破壊しか我々の生き残る道はありません。
Price slashing is the only way we can survive.

- 生産性の向上がまず第一の目標になります。
Increasing productivity is our first goal.

  > or 生産性の向上を図るには、何が必要でしょうか。
  > **What do we need to do to increase productivity?**

◉ 労働力が十分ではないことが分かったと思います。
I think we can see we don't have enough workers.

or 若い従業員の力を伸ばしていく必要があります。
We need to improve the skills of our young workers.

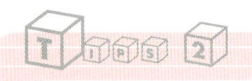

社内メモ

　アメリカなどでは、日本のように回覧をまわす習慣はほとんどありません。訳語としてはcircular notice, sign-off sheet, pass-around sheetになりますが、どれも明確とは言えないでしょう。アメリカでは、掲示板に「お知らせ」を張り出すほうが一般的です。回覧をまわす必要があるときは、すべてのビジネス文書と同様に、日時・回覧する対象などの情報は正確に書きましょう。周知するべきことや報告などは簡潔な記述を心がけてください。

回覧例:

至急
営業部各位
　　　　　　　　　　　　2008年8月1日(金)
　　　　　　　　　　　　　担当 根岸 満
　　　　　特別販売会議のお知らせ
　急ではありますが、来る8月4日、以下の要領で特別販売会議をすることになりましたのでお知らせします。
1. 時間　　　午前10時より12時まで
2. 場所　　　2階A会議室
3. 議題　　　来年の販売促進について
4. 参加者　　全営業部員
　出られない方は本日6時までに川本さんまでお知らせください。

サイン

Urgent

Sales Department
August 1, 2008
From: Mitsuru Negishi

Special Sales Meeting

This is short notice, but we will be having a special sales meeting on August 4.

1. Time:　　　10:00 to 12:00
2. Location:　Conference Room A, 2nd Floor
3. Topic:　　　Sales promotion next year
4. Participants:　All sales staff

If you can't come, please let Kawamoto-san know by today at 6:00.
Please put your initials below:

そのほかの社内メモ表現

- 極秘回覧
  Confidential notice

- 本日中に回覧願います。
  Please finish passing this around today.

- できるだけ早く確認して、川本主任へ戻してください。
  吉田→重松→Billy→Scott→川本主任
  Please read and pass to the next person ASAP before returning it to Mr. Kawamoto.
  Yoshida to Shigematsu to Billy to Scott to Mr. Kawamoto

- グレゴリー様
  4日水曜中にこちらのデータ集計を仕上げてもらえますか。
  なにとぞよろしくお願いします。
  マーケティング　吉田
  Hi Gregory,
  Could you finish calculating the data by Wednesday the 4th?
  It would be a big help.
  Yoshida, Marketing

- ナタリー部長
  こちらは新プロジェクトの資料です。何か不明な点がありましたら、お知らせください。
  営業　倉田
  Natalie,
  Here is the material for our new project. If anything isn't clear, please let me know.
  Kurata, Sales

注意:
ネイティブは役職名をつけて相手を呼ぶことはありませんし、また名字で呼び合うこともまれです。上司であってもファーストネームを使うのが自然です。

第4章 … 議論

質問する

Track 36

◉ すみません。ひとつだけお伺いしてもよろしいですか。
Excuse me. Just one comment.
* 「議長」はchairman、chairpersonまたはchairですが、話し言葉でこの単語を使って呼びかけることはまれです。

or　ちょっとお時間をいただけますか。
Could I have a minute of your time?

◉ ひとつ質問をさせていただいてもよろしいですか。
Let me just ask one question, if I may.
* if I mayを文末につけることで、遠慮のニュアンスを表現することができます。便利な表現です。

or　質問があるのですが。
I'd like to ask a question.

◉ いくつかお聞きしたいことがあります。
Here's a couple of questions.
* 質問があるときのシンプルな表現です。a couple of ... は、some、several、a lot of ... など様々な言葉に置き換えられます。

or　少し質問があります。
I have a few questions.

◉ その件について少しお聞きしたいことがあります。
I need to ask you something about that.
* I need to ... は「〜の必要がある」ではなく、「〜したい」という場合のあまり強くない依頼と考えましょう。

or　予算についてお聞きしたいのですが。
I'd like to ask you about the budget.

◉ いくつかはっきりしない点があります。
I'm not clear on a couple of things.
＊be clear on ...「～についてはっきりする」「明確につかんでいる」

or その点をもう少し具体的に説明していただけますか。
Would you clarify that point a bit?

◉ その点について知りたいだけです。
I just want to know that point.

or （回りくどい言い方はやめて）はっきり言ってください。
Stop beating around the bush.

◉ その問題の具体的な原因は何ですか。
What is the specific cause of the problem?

or 何が問題の原因なのかまだよく分かりません。
I still don't know what caused the problem.
＊説明が分かりにくいものだったときに、上司が部下に説明を促す言い方として使えます。

◉ 問題について話していただけますか。
I wonder if you could tell me about the problem.
＊wonder if ... はif 以下を過去形にすると丁寧な依頼を表すことができます。また、I was wondering if ... のように過去進行形を使うとより丁寧になりますが、質問の要素が弱まることもあります。

or 原因について話をしていただけますでしょうか。
I was wondering if you could tell me about the cause.

原因についてお聞きしてもよろしいでしょうか。
I hope you don't mind my asking about the cause.

質問に答える

Track 37

● そちらには私が答えさせていただきます。営業２課の倉木です。
I'd like to answer that. I'm Kuraki from Sales Group 2.

or その件は、渡辺のほうからご説明させていただきます。
Watanabe will be able to tell us about that.

● ご質問に関しては、現時点での見通しを申し上げます。
Concerning your question, I'll talk about the outlook at this time.

or そちらはまだ未決定です。
That hasn't been decided.
That's still undecided.

● その点については、分かりかねます。吉田さんから説明してもらいましょう。
I'm not sure about that. I'll have Yoshida-san explain it.

or そちらはよく存じ上げておりません。吉田さんが専門家です。
I don't know so much about that. Yoshida-san's the expert.

● 詳しい説明には、少し時間が必要です。
It'll take some time to explain the details.

or 午後の会議で説明します。
I'll cover it in the afternoon session.

午後の会議まで待っていただけますか。
Could you wait for the afternoon session?

● 理論的には、十分実現可能なはずです。
Theoretically, it should be feasible.
*feasible「実現可能な」

or 理論的には、採算が合いません。
Theoretically, it's not profitable.

聞き返す

Track 38

◉ もう一度よろしいですか。
Pardon me?
＊Pardon me?はビジネスの場でもよく使われるフォーマルな表現です。また驚いて「そうなんですか」と聞き返す際にも使えます。

or 何と言ったのですか。
What was that?

◉ すみません、最後の言葉が聞き取れませんでした。
Sorry, but I didn't get the last word.

◉ 申し訳ありませんが、あなたのおっしゃりたいことを理解するのが難しいのですが。
I'm sorry, I'm having trouble grasping your point.
＊have trouble ...ing「〜するのに苦労している」

or あなたの言いたいことが理解できたかどうか、分からないのですが。
I'm not sure I got your point.

◉ すみません。よく分かりません。
I'm sorry. I'm not with you.
＊be not with ...は「〜の言っていることがよく分からない」という意味。

or 話についていけていません。
I'm not following.

説明を求める

● 簡単な説明をしていただけますか。
Could you give me a short explanation?

or
> Maybe you could give me a short explanation.
> I just need a simple explanation.

> 長い説明はいりません。
> I don't need a long explanation.

> 手短にご説明願えますか。
> Could you briefly explain that?

> 少し時間を割いて、その件についてお話し願えますか。
> Could you spend just a minute or two talking about that?
> ＊spend a minute or twoは「少し時間を割く」

● 少し説明していただきたいのですが。
I need you to explain something.

or
> この点についてお尋ねしたいと思います。
> I need to ask you about this.

● なぜなのか、お話しいただけますか。
Could you tell me why?

or
> なぜこのようになったのか、ご説明願えますか。
> Could you explain why it's this way?

> 理由をお話しいただけますか。
> Could you share your reasons with me?

説明を求める

◉ 詳細を教えてください。
I'd like to know some details.
> or　I'd like to have some details.

◉ この新しい方針の根拠は何ですか。
What's the reason for this new policy?
＊reason for ...「〜の根拠」
> or　なぜこの方針が必要なのか、ご説明願えますか。
> **Could you tell me why we need this policy?**
>
> なぜこの新しい方針が必要なのか、簡潔なご説明をしていただけると思います。
> **Maybe you could give me a short and simple explanation on why this new policy is necessary.**
>
> 論拠をお聞かせ願いたいのですが。
> **I need to know your reasoning.**

◉ なぜその選択をされたのですか。
Why was that option chosen?
> or　その選択の利点は何ですか。
> **What are the advantages of that choice?**

◉ ここのところをもう一度繰り返していただけますか。
Could you go over this part again?
＊go over「繰り返す」はrestateとも言えます。
> or　この部分をざっと繰り返していただけますか。
> **Would you briefly go over this part?**

(088)

⦿ 顧客満足度についてもう少し話していただけますか。
Could you tell me more about client satisfaction?

> or　顧客満足度についてはどうですか。
> **What about customer satisfaction?**

⦿ 利益率について話していただけませんか。
Would you mind telling me about the profit rate?

＊Would you mind ...ingは「〜していただけませんか」という丁寧な依頼文。答えるときにYesと言えば「いいえ、話しません」、Noと言えば「はい、話します」というように意味が反対になる点に気をつけましょう。

> or　利益率についてお話し願えますか。
> **Could you tell me about the profit rate?**

⦿ すみません、私が言いたかったのはそういうことではありません。知りたいのはターゲット層です。
Sorry, that's not what I meant. I'd like to know the target demographic.

＊demographicは「人口統計」。市場調査などに使われる用語です。target demographicは「ターゲット層」です。

> or　私が言いたかったのは、ターゲット層を知りたいということです。
> **What I meant to say was that I'd like to know the target demographic.**

説明を求める

● しつこいようで申し訳ありません。評価基準はいかがですか。
I'm sorry to keep after you, but what about evaluation standards?
＊keep after ...「追いかける」「しつこく迫る」

> or　すみませんが、評価基準を教えていただけますか。
> **I'm sorry, but could you tell me about the evaluation standards?**

● 現在、その分野の市場はどれくらいの大きさですか。
Currently, how large is that market?
＊「その分野の市場」はthe market in that fieldでもよいのですが、that market で十分表現できます。

> or　売り上げはどのように推移していますか。
> **How are sales doing?**

● どのように顧客満足度を向上させられるか、ご説明願えますか。
Could you explain how we can improve customer satisfaction?
＊customer/client satisfaction は「顧客満足度」。patient satisfaction は「患者満足度」。

> or　この新しい方針がどのように顧客満足度を向上させるのかを知りたいのですが。
> **I'd like to know how this new policy will increase client satisfaction.**

意見を求める

● この提案についてどうお考えですか。
What do you think of this proposal?

＊相手の意見を引き出したいときは、WhatやHow、Whyを使って、相手が自分の考えを言わざるを得ないような質問の仕方をしましょう。Do you think ...?のような尋ね方をすると、Yes、Noだけで終わってしまう可能性があります。

> or 今までのところ、どうお考えでしょうか。
> **Do you have any thoughts so far?**

> この件についてご質問のある方はいらっしゃいますか。
> **Does anyone have any questions about this?**

> この件について詳しい方がいらっしゃれば、ご意見を伺いたいのですが。
> **If anyone knows about this, could we have your thoughts?**

> ポールさんは、それについて、何とおっしゃっていたのですか。彼は原因はどこにあると思っているのですか。
> **What did Paul-san say about that? What does he think is the cause?**

● 私の提案についてご意見をお聞かせください。
What's your thought about my suggestion?

＊What's your thought about ...? は、What do you think about ...?と同じ意味です。

● この計画を実行するためには、何をすることが必要でしょうか。
What do we need to do to carry out this plan?

> or このプロジェクトには何が必要ですか。
> **What does this project require?**

意見を求める

● 何が長所であり、何が欠点であると考えていますか。
What merits and demerits do you see?

or　What advantages and disadvantages do you see?

● コストが気がかりですか。
Are you worried about the costs?

or　Are the costs a concern?

● 何か懸念はありますか。
Do you have any concerns?

or　具体的に懸念されている点をおっしゃってください。
　　Could you give me your specific concerns?

● どのようにお考えですか。
Could you tell me what's on your mind?
＊what's on your mind …「あなたが考えていること」

or　何かお考えですか。
　　Is there something on your mind?

● 私の意見にご賛同いただけますか。
Can you agree with me on this?

● どこにご賛同いただけないのでしょうか。
What part don't you agree with?

or　ご賛同いただくには、どのような条件が必要だとお考えでしょうか。
　　What conditions are needed for your approval?

● ご意見は変わらないでしょうか。
Does that change the way you think?

or Does that give you a different perspective?

● 付け加えることがありましたら、おっしゃってください。
If you have something to add, please let me know.

● では、何が問題なのでしょうか。
So what's the problem?

or 必要であれば、問題点を指摘してください。
If you need to, point out any problems you see.

何か問題点がありましたら、おっしゃってください。
Please let me know if you see any problems.

確認する

◉ それは確かですか。
Are you sure about that?

or これがうまくいくと本当にお考えですか。
Are you sure it'll work out?

◉ 広告キャンペーンはうまくいかないということですか。
Do you mean that the ad campaign isn't going to work?

◉ これがこの問題の実際の原因だとお考えですか。
Do you think that this is the actual cause of the problem?

or 何か別の原因があるのでしょうか。
Could there be another cause?

◉ 念のため、もう一度確認してくださいますか。
Could you double check to make sure?

*to make sure「念のために」 double check「再確認する」

or 念のためにもう一度確認していただきたいのですが。
Just to be sure, I'd like you to double check it.

◉ つまりプロジェクトはコスト次第であると理解してよろしいですか。
So can we say that this project depends on the cost?

or つまり、プロジェクトはコストが最大の要素であるということですか。
So, cost is the biggest factor?

自分の理解を確かめる

● 私の理解は正しいでしょうか。
Is my understanding correct?
＊相手の言葉を復唱した後に使うことの多い表現です。

or 正しく理解できていますでしょうか。
Have I got it right?

● 私が正しく理解しているか確認させてください。
Let me make sure I have that right.
＊have ... right「〜を正しく理解する」。反対は have ... wrong「〜を誤解する」。

or これで正しいか確認したいのですが。
Let me get this right.

あなたのご意見をまとめさせていただいてよろしいですか。
Could I summarize your comments?

● こういうことでよろしいですか。
Do I understand you correctly?

or **Am I understanding you correctly?**
＊「私は、あなたを正しく理解していますか」が直訳です。自分の理解を相手に確認する場合に使います。直接的ですが、決して強い表現ではないので失礼にはあたりません。

● これで間違いありませんか。
Is that right?

or ご自分がミスをしたとおっしゃいましたが、それで間違いありませんか。
You said that the mistake was your fault. Is that right?

つまり間違いはご自分の責任であるという理解でよろしいですか。
So can we say that the mistake was your responsibility?

賛成の意を示す

Track 43

◉ あなたの意見に賛成です。
I agree with you.
＊この場合のyouはyour opinion「あなたの意見」、what you've said「あなたがおっしゃったこと」などを指します。

or まったく同感です。
I completely agree.

100パーセント同感です。
I agree with you 100%.

◉ 大賛成です。
I couldn't agree more.
＊「これ以上賛成できない」すなわち、最大級の賛意を表しています。

or 反対のしようがありません。
I have to agree.

◉ その通りですね。
That's right.

or まったくその通りです。
That's exactly right.
Definitely.

あなたは正しいと思います。
I think you're exactly right.

ずばりですね。
You hit it on the head.
＊itはもともとはnail「釘」のこと。小さな釘の頭を叩くということで、「的を射ている」「要点をついている」という意味です。

◉ あなたの理屈は理解できます。
I can see your logic.

or 理にかなっていますね。
That's logical.
That's sensible.
＊sensible「賢明な」

◉ ごもっともです。
You're making sense to me.
＊make sense「道理にかなう」「筋が通っている」

or **That makes sense.**

◉ ごもっともだと思います。
That sounds reasonable.
＊soundは補語を伴って「〜のように思われる」「聞こえる」の意味になります。あまり強く意見を言いたくないときには、もってこいの表現です。

or だいたいそんなところだと思います。
Sounds about right to me.

◉ 私はそれで結構です。
Fine with me.
＊That would be fine with me. を短くした表現です。

or 問題ありません。
No problem here.

肯定的な意見を言う

Track 44

● なかなかいいと思います。
It's not bad at all.

or
興味深いご意見ですね。
That's an interesting statement.

それは新しい考え方ですね。
That's a new way to look at it.

● それほど悪い案ではないと思います。
I don't think it's that bad.

or
方向性として、間違っていないと思います。
I think the direction is right.

● この企画は考えてみる価値があります。
This proposal is worth considering.

＊worth ...ing は「〜する価値がある」「〜に値する」。...ing の代わりに名詞を使うこともできます。

or
このプロジェクトは時間を割くに値します。
This project is worth our time.

この提案は考えてみるべきだと思います。
I think we need to consider this proposal.

この企画をもっと詳しく見てみましょう。
Let's take a closer look at this proposal.

＊take a closer look「よく見る」「詳しく見る」

◉ この提案には将来性があります。
This proposal has potential.
＊potentialは「可能性（将来性）がある」「潜在的な」という形容詞ですが、「可能性」「将来性」「潜在能力」のように名詞としても使うことができます。

or この提案については楽観視しています。
I'm optimistic about this proposal.

◉ この新製品は現在の時流に合っています。
This new product is in step with the times.
＊in step with ...「～と歩調を合せて」「～と調和して」。timesは「時代」です。

or この製品は最先端です。
This product is on the leading edge.

◉ 弊社が取り組んでいる事業と関連性が非常に高いと思います。詳細を説明していただけますか。
That seems to be very close to a project we're working on. Could you tell us more about it?

or 我々が組むことで得られることが多いような気がしています。
I think we have a lot to gain from working with you.

ぜひビジネスパートナーとしてのお付き合いをよろしくお願いいたします。
We really hope you'll be our partner.
We hope you'll decide to work with us.

納得する

Track 45

● (あなたのお話で) 納得できました。
You've convinced me.

or　このプロジェクトは見込みがない、ということが納得できました。
Well, you've convinced me that this project is hopeless.

納得しました。
I'm convinced.
Oh, now I see.

ようやく納得しました。
I'm with you now.

● おかげでよく分かりました。
You've made it clear.

or　**You've clarified it.**

● なるほど、いいところをついていますね。
That's a good point.

or　**You've made a good point.**

● それは納得のいく意見です。
That's a convincing argument.

or　このプロジェクトを前進させるための、納得のいく見解を述べていただきました。
You've made a convincing argument for going ahead with this project.

相手の意見に反対する

Track 46

● 残念ながら、賛成しかねます。
I'm afraid I can't agree.
＊don't agreeでもOKですが、can't agreeと言った場合には「努力はしたものの、やはり同意できない」という気持ちが伝わります。

● 反対せざるを得ませんね。
I'm going to have to disagree.
＊be going to have to ...「〜せざるを得ない」という表現で、断定的なニュアンスを回避することができます。

or　反対しなければならないでしょうね。
I'll have to disagree.
＊willを使うことにより、若干きっぱりした言い方になります。

● それには反対です。
I'm against that.
＊これをagainst youにしてしまうと「あなた個人に反対している」という意味で、ビジネスにはあまり適さない表現になります。

or ### I'm opposed to that.

● 魅力的なご提案ではありますが、弊社の現状では対応が難しいと思います。
It's an interesting proposal, but I don't think our company can currently handle it.

or　申し訳ありません、残念ながら今回はお力になれません。
I'm sorry, but I'm afraid we'll have to pass.
＊pass「断る」「辞退する」

相手の意見に反対する

◉ 実は、それは私が考えていたこととは違います。
Actually, that's not exactly what I was thinking.

or 実を申しますと、私は別のものを思い描いていました。
To tell the truth, I have something else in mind.

◉ 私の理解が遅いのかも知れませんが、ちょっと理解できません。
Maybe I'm a little slow, but I don't see it.
＊反対している原因を相手ではなく自分に求めるように聞こえるため、柔らかい印象を与える表現になります。

◉ (その件については、) 多少疑問があります。
I have some doubts.
＊someをつけることで、ニュアンスが柔らかくなります。

or (その件については、) 少し懐疑的です。
I'm a little skeptical.

この件についてはあなたに賛成しかねます。
I can't go along with you on this.

◉ 実際問題として、工場移転に利益があるとは思えません。
Practically speaking, I don't see the advantages of moving the factory.
＊see the advantages「利点を認める」

or 工場を移転したい理由が私には理解できません。
I don't understand why you want to move the factory.

● ほとんど不可能だと思います。
I'm afraid that's next to impossible.
＊next toは否定語の前では「ほとんど」という意味になり、断定を避ける場合に用いることができます。

> or　可能とは思えません。
> **It doesn't seem possible.**

● それが最良の解決策だとは思いません。
I don't think it's the best solution.

> or　それは、私たちが必要としていることだとは思いません。
> **I don't think it's what we need.**

● 少しリスクがあるように思いますが。
I think it's a little risky.

> or　そんなリスクは冒せないと思います。
> **I don't think we can take the risk.**

● 時間の無駄です。
It's a waste of time.
＊かなり否定的なニュアンスが強い表現なので、強く言い放たないほうが無難です。

● この資料は納得できるものです。
This material is very convincing.
＊convinceは「納得させる」「確信させる」という動詞です。convincingになると「説得力のある」「納得のいく」という形容詞になります。

> or　資料を見てくだされば、私の意見をご理解いただけると思います。
> **If you see the material, you'll understand my viewpoint.**

相手の意見に反対する

◉ 私の経験から申し上げまして、その判断に間違いはありません。
Speaking from my experience, that decision is correct.

＊Speaking from my experienceは「私の経験に限って申し上げますと…」という謙遜の気持ちの入った表現になります。myを省くと、自信を持って自分の経験を伝える、という意味を含みます。

or 私はこの件については経験を積んでおり、的確な判断だと思っています。
I have experience with this, and I think it's the correct decision.

◉ 状況を考えれば、質よりも速度を優先させることは得策とは思えません。
Considering the situation, putting speed before quality is not smart.

＊put A before Bは「AをBよりも優先させる」という意味。putting speed before qualityは「質よりも速度を優先する」。反対のput quality before speedは「速度よりも質を優先する」。

◉ 私たちは、慎重に判断を下すべきです。
We need to make a careful decision.

◉ コストを賄えれば、プロジェクトがうまくいく可能性は十分あります。
If we can cover costs, there's a good chance this project will go well.

問題点を挙げる

Track 47

◉ いくつか、気になっている点を挙げます。
Let me point out a few points of concern.

or　課題を挙げたいと思います。
I'd like to bring up a topic.

◉ 考えられる問題点を少しご説明したいと思います。
Let me tell you about potential problems.
＊Let me tell you about ...「〜を説明させてください」。tellの代わりにexplainも使えます。

or　この件について心配されていると思いますので、ご説明しましょう。
I know you're worried about this, so let me explain.

◉ 問題点を挙げてみます。
Let me tell you what the problems are.

or　エンジニアとしての視点から、問題点をご説明いたします。
Let me explain some problems from an engineering perspective.
＊perspective「見方」

◉ この提案にはいくつか問題があります。
This proposal has some problems.

or　いくつか問題点があると思います。
I can see several problems.

それにはいくつか欠陥があります。
It has some faults.

それは大きな間違いです。
That's a big mistake.

問題点を挙げる

◉ **問題をひとつ指摘しなければなりません。**
I need to point out one problem.

> or　日程についての問題点を指摘したいのですが。
> **Let me point out a problem with the schedule.**

◉ **考えられる問題をまとめました。**
I've made a summary of possible problems.

＊possibleは「起こり得る（起こる可能性のある）」「考えられる」。problemには「（困った）問題」という否定的なニュアンスがありますが、issue「論点」「議題」にはネガティブなニュアンスはありません。

> or　これから出てきそうな論点のリストです。
> **Here's a list of issues that might come up.**

◉ **重大な問題に対処しなければなりません。**
We have to take care of a serious problem.

＊take care of ... は「〜に対処する」「処理する」など、幅広く便利に使えるイディオムです。

> or　この重大な問題を無視するわけにはいきません。
> **We can't ignore this serious problem.**

◉ **否定的なことを言うつもりはないのですが。**
I don't mean to sound negative.

＊don't mean to ... 「〜するつもりはない」。問題点を指摘したり、反対の意見を述べたりするときに、攻撃的に聞こえないようにするための表現です。

> or　もし、否定的に聞こえたら申し訳ありません。
> **I'm sorry for sounding negative.**

懸念していることを述べる

Track 48

◉ 実現の可能性が気になっています。
I was wondering about feasibility.
＊I was wondering ... は過去形ですが、実際には現在気にかかっていることを話すときに使います。feasibilityは「実現の可能性」です。

or　もうひとつ気にかかっているのは実現の可能性です。
Something else I was wondering about was feasibility.

◉ この件については何かと気がかりなことがあります。
There's something about this issue.
＊I have a lot of problems with this issue.と言うよりソフトな表現になります。懸念を述べるときには、より直接的でない表現を選ぶほうがよいでしょう。

or　この件については心配事がいろいろあります。
I have a lot of worries about this issue.

◉ 価格設定が少し心配です。
I'm a bit worried about price setting.

◉ 担当者から、営業部門が順調にいっていないと聞いています。
I heard from the person in charge that things aren't going well in sales.
＊things「事態」「成り行き」　go well「順調にいく」「うまくいく」
　in salesはこの場合in the sales department「営業部門」という意味です。

or　営業部の状況がなかなかきつそうですが。
It looks like things are tough in sales.

懸念していることを述べる

● このまま売り上げが落ち込めば、プロジェクト自体を考え直さなければなりません。

We'll have to think about the project itself if sales continue to drop.

or 市場をきちんと分析できなければ、諦めざるを得ません。
If we can't analyze the market, we'll have to give up.

● 分科会内でちょっとした意見のすれ違いがあったと聞きました。

I heard there was a slight difference of opinion within the subcommittee.

＊a slight difference of opinionは「ちょっとした意見の違い」です。

● 細部をもっと詰められるはずだと思いますよ。

I think you could work out the details further.

or アイデアはよいのですが、もっと具体的なプランが必要です。
Your idea is OK. But a more concrete plan is necessary.

● この提案は何か足りません。

This proposal leaves something to be desired.

＊leave something to be desired「望まれるべき何かを残す」が直訳で、これは「何かが足りない」「欠けている」というときの定番の表現です。このまま覚えておきましょう。

or この提案には何か大切な点が欠けていると言わざるを得ません。
I have to say the important parts are missing from this proposal.

問題の解決を求める

● あなたには早期の解決策を求めたいと思います。
I need to ask you for a quick solution.
＊solution「解決(策)」

or　ただちにこの件についてご対応願えますか。
Could you take care of this right away?

● この件についてご対応いただければ、大変助かります。
It would really be helpful if you could take care of this.
＊顧客などに対する表現。このような仮定法過去の文は丁寧な表現です。

or　その件について対処できるとお考えですか。
Do you think that maybe you could take care of it?

● この問題につきまして、何か手を打ってもらいたいと思っています。
I want something done about this problem.

● 何かよい考えはありますか。
Do you have any ideas?
＊ideaには「考え」のほかに「意見」「認識」「考え方」などの意味があります。

or　**Can you think of any ideas?**

● この問題を解決しなければ、先へは進めません。
We can't go ahead without solving this problem.
＊without ...ingは「～することなく」「～しないで」。without の後にくるのは名詞あるいは...ing形です。

or　まず初めにこの問題を解決しなければなりません。
This problem has to be solved first.

問題の解決を求める

◉ 私たちはこの件を長いこと先送りにしてきました。
We've put this off too long already.
＊put off「延期する」「先延ばしする」「後回しにする」

or もうこれ以上待つことはできません。
We can't wait any longer.

反論をかわす

Track 50

● 反対されるかもしれませんが、私の提案は信頼のおける市場調査に基づいたものです。

You may disagree, but my proposal is based on reliable market research.

＊自分の主張をいきなり述べるのではなく、You may disagree「反対されるかもしれませんが」とひと言添えることで、相手の受け取り方も違ってきます。

● 反対していらっしゃるのは承知していますが、この提案は最も実現の可能性が高いものです。

I know you disagree, but I think this proposal is the most feasible.

or

反対されているのは残念ですが、それでもこれが最善のプランだと思っています。
I'm sorry you disagree, but I still think this is the best plan.

明瞭でない点があることは分かっていますが、この提案が最善です。
I know some things aren't clear, but this proposal is the best.

● 反対されているのは分かりますが、誤解されていると思います。

I know you disagree. But I think you've misunderstood something.

or

誤解があるようです。
It seems there's a misunderstanding in your position.

＊「(あなた側に) 事実誤認がある」というのは強い表現ですが、it seemsをつけることでそのニュアンスがぐっと和らぎます。

反論をかわす

◉ すみませんが、なぜあなたが反対するのか理解できません。
Sorry, I don't understand why you disagree.

> or 　問題が何なのか理解できないのですが。
> **I'm afraid I don't understand the problem.**

◉ 正直に話していただきありがとうございます。
Thank you for your honesty.
＊反論されたあとにまず一言、返すときの表現です

> or 　率直に話していただき、感謝しています。
> **Thank you for speaking frankly.**

部分的に賛成する／反対する

Track 51

● 基本的には賛成です。
I'm basically in agreement.
＊basically「基本的には」

or　I agree with the basic idea.

● 残念ですが、すべてに賛成というわけではありません。
I'm afraid I don't agree with everything.

or　残念ですが、全面的に賛成というわけにはいきません。
　　I'm afraid I can't totally agree.

● 条件付きで、賛成します。
With some reservations, I agree.
＊reservationは「留保」「条件」。with some reservationsで「条件付きで」の意味になります。

or　多少の条件はありますが、基本的には賛成です。
　　I have a few reservations, but I basically agree.

● ひとつの例外を除けば、すべて正しいと思います。
You're right, with one exception.
＊exceptionは「例外」。with one exceptionは「ひとつの例外を除けば」という意味です。

or　ひとつを除けば、おっしゃる通りですね。
　　You're right, except for one thing.

まだ意見が決まっていないとき

Track 52

◉ 賛成とも反対とも言えません。
I can't say yes or no.

- or - Maybe yes, maybe no.

◉ この件については中立です。
I'm neutral on this.
＊「どちらの側にもつかない」そんな中立の立場を述べたいときの便利な表現です。

- or - この件につきましては、中立的な立場でいたいと思います。
I'd like to stay neutral on this issue.

◉ まだ意見がまとまっていません。
I haven't formed an opinion yet.
＊form an opinion「意見を形成する」「まとめる」

- or - まだ意見はありません。
I don't have an opinion yet.

◉ この情報だけでは意見は申し上げられません。
I can't give an opinion without more information.

- or - 状況を理解していませんので、意見を申し上げることはできません。
I can't give an opinion because I don't understand the situation.

◉ 賛成に傾いているところです。
I'm leaning towards yes.
＊yesの代わりにnoを使えば、反対に傾いている、という表現になります。

- or - 賛成と言おうと思っているところです。
I'm thinking about saying yes.

結論を先送りにする

Track 53

● 結論を急ぐのは得策ではありません。
Jumping to conclusions is inexpedient.
＊inexpedient「不適切な」「不得策な」

or 時機を待ちましょう。
Let's wait for our chance.

● 今日のところは結論を急ぐべきではないと思います。
I don't think we have to jump to a conclusion today.

or この件は次回に持ち越しましょう。
Let's carry this issue over to the next meeting.

● あと1週間ほど考えさせてください。
I need a week to think about it.
＊I'll think about it.「検討してみます」は、日本人にとっては検討する余地のない場合が多いようです。しかし、外国人にとっては決して望みのない表現ではなく、50対50の可能性を指す表現なのです。誤解を生まないためには、結論を延ばすときに具体的な時間や期限を設定することが大切です。

or 考える時間がもう少し必要です。後日ご連絡いたします。
I need more time to think. I'll call you later.

1週間ほど考えさせてください。
Let me give that some thought for a week.

一晩考えさせてください。
Let me sleep on it.
＊sleep on itは「判断を一晩延ばす」「一晩寝てから考える」という口語表現です。

● いつまでに結論が必要ですか。
By when do you need a decision?

結論を先送りにする

● 次回の会議までに必ず結論を出します。
I'll definitely make a decision by the next meeting.

● 具体案が出次第お知らせします。
I'll let you know when we have concrete plans.
＊concrete「具体的な」

● 6月4日の4時半までには情報が入ります。
I'll have the information by 4:30 on June 4.
＊現時点で答えられない場合は、いつ答えられるか、なるべく具体的な情報を提供して相手を安心させましょう。

> or　遅くとも6月4日までにはEメールにて答えさせていただきます。
> **I'll e-mail the answer to you by June 4 at the latest.**

● 今結論を出すのはそれほど簡単ではありません。
Right now, it's not easy to make a decision.

> or　残念ながら、それほど簡単ではありません。
> **I'm afraid it's not that easy.**
> ＊thatは「それほど」という意味です。
>
> それほど複雑でなければいいのですが。
> **I wish it weren't that complicated.**

● じっくり検討する時間がありませんでした。
I'm afraid I haven't been able to examine it yet.

> or　実は、目を通す時間がありませんでした。
> **Actually, I haven't had a chance to go over it yet.**

持ち帰って確認したいと伝える

Track 54

● （一度）持ち帰らせてください。
Let me take this back to the office.
＊ひとりでは決めかねたり、時間が必要な場合には便利な表現です。

or 私にはこの件を決定する権限がありません。（一度）会社に持ち帰らせてください。
I don't have the authority to make a decision on this issue. Please let me take it back to my company.

その件は私の担当ではありませんので、分かりかねます。確認して担当からご連絡を差し上げるようにいたします。
I'm not in charge of that issue, so I don't know. I'll look into it and have someone call you.

● ここでお答えするには問題が複雑すぎるようです。
This is too complicated to answer now.
＊too ... to ～「～するには…すぎる」すなわち「…すぎて～できない」という意味。

or 適切にお答えするには2、3日必要です。
To give you a good answer, I need two or three days.

● 広報担当者がお答えできると思います。会社に戻りましたら、担当者に電話をさせます。
Our PR department can answer that. I'll have them call you when I get back.
＊この場合、「広報担当者」をPR departmentと表現できます。

or 明日広報部がお答えいたします。
I'll have our PR department send you an answer tomorrow.

持ち帰って確認したいと伝える

● 社長の意見が必要です。のちほどご連絡いたします。
I need my president's input. Let me call you later.
＊input「意見」「忠告」

or　社長に話をしなければなりません。（一度）持ち帰らせていただけますか。
I need to talk to my president. Can I take this back to the office?

妥協・譲歩できないことを伝える

◉ どうしても譲歩できません。
I just can't compromise.
＊justを入れると、「どうしても～できない」といったニュアンスになります。

or　すみませんが譲歩することができません。
I'm afraid I can't compromise.

　　弊社は、その方向では難しいと考えています。
For us, this direction just isn't possible.

◉ 私もここで引くわけにはいかないのです。
I have to stand my ground.
＊stand one's ground「自分の立場を堅持する」

or　ここで譲歩するわけにはいきません。
I have to stand firm.

◉ 妥協する余地はありません。
There's no room to compromise.
＊このroomは「余地」「可能性」。不可算名詞になるので、単数で表します。

or　歩み寄るのは無理ですね。
There's no way I can compromise.

◉ 意見を変えることはできません。
I can't move.
＊move「意見（立場）を変える」「譲歩する」

or　意見を変えることはできないですね。
I can't budge.
　　＊budge「意見を変える」「譲歩する」

妥協・譲歩できないことを伝える

◉ なぜ私が歩み寄らなければならないのでしょうか。
Why should I compromise?

or　私が歩み寄らなければならない理由はありません。
There's no reason for me to compromise.

◉ 話し合いで解決できることではありません。
It's not negotiable.
＊negotiable「交渉できる」「話し合いで解決できる」

or　交渉の余地はありません。
This is nonnegotiable.

妥協・譲歩を促す

Track 56

● 歩み寄りましょう。
Why don't we compromise?

or 歩み寄りませんか。
How about compromising?

歩み寄れるかもしれませんね。
Maybe we can meet halfway.

● 第3の解決策があるかもしれません。
Maybe there's a third solution.

or 第3の解決策はありますか。
Is there a third solution?

● 建設的になりましょう。
Let's get creative.
＊creative「有意義な」「建設的な」

or 建設的な解決策を見つけましょう。
Let's find a creative solution.

● 我々のプランを組み合わせたらどうでしょうか。
I suggest we combine our plans.
＊I suggest ...は「〜をおすすめします」「〜したらどうでしょうか」という提案の表現です。
combine「結合する」「連合する」

or 我々のプランを組み合わせましょう。
Let's combine our plans.

● あなたは偏っているように思います。
I think you're being one-sided.

相手へ最後のひと押しをする

Track 57

◉ やってみましょう。
Let's give it a try.
＊「とにかくやってみよう」という表現です。give it a tryは「試す」「挑戦する」という意味です。

or どうなるか様子を見てみましょう。
Let's see what happens.

やってみてもかまわないでしょう。
It won't hurt to try.
＊won't hurt to ... は「～してもかまわないだろう」「特に問題はないだろう」という意味。口語的な表現です。

やってみても失うものはないでしょう。
It doesn't cost anything to try.

◉ それこそが私たちが必要とするものですよ。
It's exactly what we need.

or まさに完璧な解決策です。
It's the perfect solution.

◉ ほかに選択肢はありません。
This is our only choice.

or **There aren't any other options.**

ブランドの確立以外に選択肢はありません。
Our only option is to develop a brand.
Branding is our only option.

◉ これがこの部門の収益を黒字へ転じさせる唯一の手段です。
That's the only way we can get this department into the black.

● 今のところこれ以上の計画はありません。
It's the best plan we have.

or 完璧ではないにしても、現段階ではこれしか方法はありません。
It's not a perfect plan, but it's as good as possible.

● あらゆる面で、この提案が最善であると思います。
From every angle, I think this proposal is the best.

or コスト面から考えても、私の提案は確かなものだと自信を持っております。
Even when considering the cost, I'm confident that my proposal is solid.
＊solid「堅実な」「信頼できる」

● 繰り返しにはなりますが、私のプロジェクトがベストです。
I know I'm repeating myself, but mine is the best project.
＊repeat *oneself*は「くどくど言う」「同じことを繰り返す」。I know ...をつけることで、押しつけがましさが軽減されています。

or すでに申し上げましたが、エンジニアとしてこれが最高のシステムであると思います。
I've already said this, but as an engineer, I think this is the best system.

私のプランが最善だという考えに変わりありません。
I still think my plan is the best one.

● 私はこのプロジェクトに自分のキャリアをかけています。
I've based my career on this project.

相手へ最後のひと押しをする

◉ この計画でかなりの節約ができます。
This plan will save you a lot of money.

or より経済的です。
This is more economical.

◉ 私が申し上げたことをすべて裏づける証拠があります。
I have the proof to back up everything I've said.

発言の意を示す

Track 58

- この場をお借りして、少し発言させていただきたいと思います。

I'd like to take this opportunity to make a few comments.

＊I'd like to take this opportunity to ... 「この場をお借りして〜したいと思います」は決まり文句です。覚えておくと便利な表現です。

- 2点だけ述べたいと思います。最後までお聞きください。

I have just two things to say. Please hear me out.

＊hear out ... は「最後まで聞く」

- 先ほど自分の意見が言えませんでした。発言したいことがあります。

I didn't express my opinion a moment ago. I have something to say.

- 申し訳ありませんが、少しの間、ご静聴くださいますか。

I'm sorry, but could you be quiet for a moment?

＊少人数に対して使う表現です。さて、silentとquietの違いは何でしょうか。silentは「音もない」「木々のざわめきも鳥のさえずりさえない」という全くの「沈黙」を表します。ですので、be quietの代わりにbe silentを使うのは不自然です。

or　すみません。少しの間、ご注目をお願いします。
　　Excuse me. Can I have your attention for a moment?
　　＊大人数へ呼びかけるときに使う表現です。

人の発言中に割り込むとき

Track 59

● すみませんが、質問です。
I'm sorry, but I have a question.

or　遮って申し訳ないのですが、質問です。
I'm sorry to interrupt, but I have a question.

申し訳ありませんが、質問です。
Forgive me, but I have a question.

● ちょっとよろしいですか。少しご説明いただきたいのですが。
Could I come in here? I'd like you to explain something.

＊Could I come in here? は、発言中の相手に対して、自分の発言に許可を求めるときの表現です。

or　ちょっとよろしいでしょうか。
Let me say something.

● 話の腰を折って申し訳ないですが、ひとつ言わなければなりません。
I know I'm interrupting, but one thing.

＊I know I'm interrupting, but I need to say one thing.を短くした表現です。

or　中断して申し訳ありませんが、ひとつだけ言わせてください。
Sorry for the interruption, but one thing.

● すみません。ひと言よろしいですか。
Excuse me, but may I say something?

＊say something「発言する」「ひと言述べる」

or　ひと言だけ言わせていただいてよろしいですか。
Can I slip in a comment?

◉ 大変申し訳ないのですが、ここでお話を終わらせていただいてもよろしいですか。
I'm afraid I'm going to have to cut you off here.
＊話が長過ぎる人に対しての表現です。

or　興味深いお話ですが、切り上げていただかなければなりません。
That's interesting, but I need to cut you short.

◉ 申し訳ありませんが、そろそろ終わりにしなければなりません。
I'm sorry, but we need to wind things up.
＊wind up「終わりにする」「締めくくる」

or　残念ですが、そろそろ終わりにしなければなりません。
I'm afraid we need to finish up.

◉ ご意見をどうもありがとうございました。それでは、ほかの意見はありますか。
Thank you for your comment. Are there any other comments?
＊自分の意見を長々と話している人などにも言える表現です。

or　ご高説を拝聴いたしました。
Thank you for the valuable comments.
　　＊こちらも、意味は「意義のあるご意見をありがとうございました」ですが、きっぱりと言うと人の発言を切り上げさせる表現になります。

話が中断されそうになったとき

● よろしければ、最後まで話をさせてください。
Let me finish my comment, if you don't mind.

or 最後まで話したいのですが。
Let me finish what I'm saying.

この点は最後まで言わせてください。
Let me finish this point.

あと少しです。最後までお聞きください。
I just need another moment. Please listen.

● 話が終わるまで待っていただけますか。
Could you wait until I finish?

or 少しだけお待ちいただけますか。
Could you wait for just one minute?

● 今は私が話しています。
I have the floor.

＊floorには「発言権」という意味があります。議長や進行役の許可を得ず、割り込んでくる人に対しては有効な表現です。

or 今、発言権は私にあります。
The floor's mine.

● まだ言いたいことが終わっていません。
I haven't made my point yet.

＊make *one's* point「主張を述べる」「主張を通す」

or まだ言いたいことを言おうとしているところです。
I'm trying to make a point.

◉ まずこの一点を言わせてください。
Let me say this one thing first.

or この一点は言い終えなければなりません。
I need to finish this one thing.

◉ ちょっと（口を出さずに）聞いてください。
Just listen.
＊顧客や他社の人に対して使うには強すぎる表現ですが、同僚に対してであればかまいません。

or 少し聞いてください。
Listen a minute.

◉ 話に割り込まないでください。
Try not to interrupt.
＊同僚に対してなら使えます。

or **Please don't interrupt.**

議題の順序について話す

● まず、最後の議題から話し合ったほうがよいようです。
It looks like we'll have to start with the last issue first.

> or　議題の順序を逆にしてはいかがでしょうか。
> Why don't we reverse the order of the agenda?

● 順序は違いますが、緊急度の高いものからご説明いたします。
This is out of order, but let me first explain the urgent things first.

> or　順序が違うのは承知しておりますが、急を要する部分から始めたいと思います。
> I know this is out of order, but let me get to some urgent points.

● 議題1から話し合うことになっていますが、議題2から始めてはいかがでしょうか。
We were going to start with issue one, but why don't we start with issue two instead?

> or　少し予定を変えて、最初に議題2から始めましょう。
> Let's change the agenda a little and start with issue two.

● 今回は進行方法を変えさせていただきます。
I'd like to change the way we proceed.

＊proceed「前進する」「進行する」

- まずコスト面について述べさせていただきます。
  I'd like to first talk about costs.

  or 初めにコストについて話しましょう。
  Let's cover costs first.

- 第2に、時間についてご説明いたします。
  Next, I'd like to talk about time.

- 第3に、人材の確保についてのご説明です。
  Third, I need to talk about securing the manpower.

- 最後に、雇用の点について話しましょう。
  Finally, let's talk about labor.

- 第1にコスト面、第2は時間的制約、第3は人材について話したいと思います。
  I'd like to talk first about the cost, second about the time limit, and third about the manpower.

少し前に出た話題に戻る

Track 62

- 申し訳ありませんが、先ほどの件をもう一度取り上げたいと思います。
I'm sorry, but I'd like to bring up a past issue.

   or　この件については先ほど話し合っておりますが、議題Bについてもうひと言よろしいですか。
   I know we've already talked about this, but I have something to say about issue B.

- 申し訳ありませんが、先ほど話し合った件にもう一度戻ってよろしいですか。
I'm sorry, but can we go back to a previous issue?

- 先ほどのロジャーさんの意見について、ひと言申し上げたいと思います。
I have one comment about what Roger said.

   or　ロジャーさんの発言に補足したいのですが、よろしいですか。
   May I add one comment to what Roger said?

- みなさんの気持ちが賛成の方向に傾いているようですが、もうひとつ考えたいことがあります。
It seems that everyone's moving towards yes, but we need to think about one more thing.

＊move towards yes「賛成の方向に傾く」

   or　みなさんの気持ちが固まる前に、私からご提案したいことがあります。
   Before everyone reaches a conclusion, I'd like to suggest something.

◉ 蒸し返すようですが、もうひと言申し上げたいことがあります。
Sorry for rehashing this, but I need to say one more thing.
＊rehash「再び議論する」「繰り返し話す」

◉ 価格設定について、ご参考までに、みなさんにもうひとつデータをお見せしてもよいでしょうか。
About setting the price, can I show everyone one more piece of data for reference?

話を本題へ戻す

Track 63

◉ 話が逸れてしまったようです。
I think we're off (the) track.
＊trackは「軌道（物事が進んでいく道筋）」「本筋」。on (the) trackは「軌道に乗る」。theは省略されることが多くなってきています。

or 話を本筋に戻しましょう。
Let's get back on track.

◉ すみません、それは今、問題ではありません。
Excuse me, but that's off the topic.

or その件についてはのちほどお話しします。
We can talk about that later.

◉ 申し訳ありませんが、それは議題には載っていないと思います。
I'm afraid that's not on the agenda.
＊on the agenda「会議議題（検討事項）に上がっている」

or 議題に沿って続けましょう。
Let's try to stay on the agenda.

◉ その件についてはいずれ討議する機会があると思います。
I think there'll be an opportunity to discuss it in the future.

or それは本題ではないように思いますが。
I'm afraid that's not the topic.

● それは興味深いのですが、今私たちが話していることではありませんので。
That's interesting, but it's not what we're talking about.

＊That's interestingのひと言を加えることによって、否定的なニュアンスがかなり和らぎます。

or

その件は、ちょっと脇においておくことにしましょう。
Let's put that aside for now.

今は、その件は保留にしましょう。
Let's put that on hold for now.

その件については、打ち合わせの後、話しましょう。
Let's talk about that after the meeting.

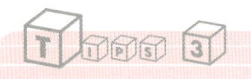

Eメール

　ビジネスレターよりも格式ばらず、電話よりも誤解が生じにくいEメールの重要性は年々増しています。正式な招待状、感謝状、重要なお知らせ以外はほとんどEメールで済んでしまうと言っても過言ではありません。ここで、ビジネスシーンでよく使う簡単な表現を押さえておきましょう。

次回開催予定のお知らせ例：

件名: 合同会議の件
みなさま

次回会議についてお知らせいたします。
日にち：　2008年6月25日
時間：　　10時より16時まで（昼食1時間）
議題：　　契約条件の再調整
場所　　　本社ビル7階会議室

出席の可否は6月23日までにEメールにてお知らせください。

敬具
山瀬直美
yamase@ ABC.com

Subject: Joint meeting
All employees,

Here are the details for the next meeting.
Date:　　　June 25, 2008
Time:　　　From 10:00 to 4:00 (1 hour lunch break)
Agenda: reevaluation of contract terms
Location: Headquarters, Conference room, 7th floor

Please let me know if you can attend or not by June 23 by e-mail.

Regards,
Naomi Yamase
yamase@ ABC.com

15:00、21:00のような24時間表記はアメリカではmilitary time「軍隊時間」と言って、一般の人にはなじみがありません。3:00、9:00のように表しましょう。アメリカ人は午前、午後と書く必要性を感じませんが、特に明記しなければならないときは、a.m./AM/A.M.（p.m./PM/P.M.）を時間の後ろにつけます。なお、曜日を書く習慣はあまりありません。

そのほかの表現例

起句 拝啓
Dear Mr./Ms.

関係者各位（相手が複数の場合のフォーマルな表現）
To whom it may concern

本文 次回の全体会議についてのお知らせです。
I'd like to inform you about the next general meeting.

お返事をお待ちしております。
I look forward to hearing from you soon.

ご都合がつき次第、ご連絡をお願いします。
Please get back to me at your earliest convenience.

早急にお返事をいただけましたら、幸いです。
Your early reply would be appreciated.

何か変更がありましたら、お知らせください。
Please keep me informed of any changes.

結句 ご多幸を祈って
Best wishes,

敬具
Regards, / Sincerely yours, / Respectfully yours,

第5章 … まとめ

要点を整理する

Track 64

◎ 要点をまとめましょう。
Let's summarize the major points.

or　それではここで、現在の状況をまとめてみましょう。
Why don't we take a minute to summarize our positions?
＊take a minute「時間を取る（割く）」

◎ 主なポイントは3つあります。まずひとつ目は…、ふたつ目は…、最後にみっつ目は…。
There are three main points. One ... Two ... And three ...
＊まず要点の数を述べ、順に説明をするときの表現です。

◎ まとめたほうがよいでしょう。
Maybe we should recap.
＊recapはrecapitulate「要約を繰り返す」「要約する」の省略形です。

or　まとめましょう。
Let's recap.

◎ ここまでの進捗状況を整理しましょう。
We need to organize our progress so far.
＊organize「まとめる」「整理する」　so far「ここまで（の）」

or　ここで意見を整理しておきましょう。
Let's organize our thoughts.

◉ 要点をまとめたリストを作成します。
I'll make a list of the main points.

or 要点を書き留めます。
I'll write down the main points.

意見をまとめる

Track 65

- すべての意見を取りまとめたいと思います。
  Let's summarize all the different opinions.

  or
  今までの意見をまとめましょう。
  Why don't we summarize what's been said?

  そろそろ議論をまとめる時間です。
  It's now time to wrap up the discussion.

- 今日は2つの議題を取り上げました。
  We've covered two topics today.

- まず予算を見直しましょう。
  Let's first review the budget.

  or
  予算について見直しましょう。
  Let's go over the budget.

- 何か異議やご意見はありますか。
  Are there any objections or comments?

- キャンペーンについては全員が同じ意見です。
  Everyone feels the same way about the campaign.

  or
  では、キャンペーンについては誰も異論がないと理解してよろしいですね。
  So no one has any disagreements on the campaign?

◉ 合意が得られたと思います。
I think we have general agreement.
＊general agreement「総意」

> or では、合意に達しましたね？
> **So, we've reached an agreement?**

◉ みなさんのご協力をもちまして、基本的な合意に達したようですね。
Thanks to everyone, it seems we've reached a basic agreement.

> or 細部はまだ詰めなければなりませんが、基本的には合意に達したようですね。
> **We have to work out the details, but I think we've reached a basic agreement.**

◉ 採決によらず、合意が得られましたことを大変うれしく思います。
I'm glad we were able to reach an agreement without a vote.

> or 採決の必要はないようです。ご協力ありがとうございました。
> **It looks like we don't need a vote. Thank you for your cooperation.**

◉ 意見が2つに割れたようですね。
It looks like the opinions are split.
＊It looks like ...「〜のようです」をつけると断定を避けた柔らかなニュアンスになります。

意見をまとめる

◉ この件については挙手による採決が必要です。
We need a show of hands on this issue.
＊a show of hands「挙手（による採決）」

or この件については採決の必要があります。
We need to take a vote on this issue.

◉ 3名の方が予算の改正を望んでいます。
Three people want to revise the budget.

or 残り3名の方は予算の変更を望んでいます。
The other three want to change the budget.

7人中4名の方が現状維持を支持していらっしゃいます。
Four of seven people are for maintaining the status quo.

＊ここでのforは「〜に賛成している」という意味です。「反対している」はagainstです。
the status quo「現状」「以前の状態」

質問を募る

- どうぞご質問ください。
  Don't hesitate to ask questions.
  - or　どんな意見でも大歓迎です。
    Any comments are welcome.

- 採決に入る前に質問を募りたいと思います。
  Before we take a vote, I'd like to ask if anyone has any questions.

- これが、質問できる最後の機会になります。
  This is your last chance to ask questions.

- まだ発言されていない方はいらっしゃいませんか。
  Is there anyone who hasn't made a comment?
  - or　みなさんのご意見をお聞きしたいのですが、まだ発言されていない方はいらっしゃいますか。
    We want to hear all your comments, but has anyone not spoken yet?

- 予算についてのご質問のみを受けさせていただきます。
  We're only taking questions about the budget.
  - or　キャンペーンに関する質問は次回にさせていただきます。
    Please hold questions about the campaign until the next meeting.

決議をとる

Track 67

◉ この件について採決しましょうか。
Should we take a vote on this issue?

＊take a vote on ...「〜について採決する」

or 異論はありますか。
Are there any differing opinions?

◉ 無記名による投票にいたします。
We'll be taking a secret vote.

＊「無記名投票」はsecret vote, anonymous voting

or 記名式の投票がよいと思います。
I think a signed vote would be best.

◉ 挙手による採決といたします。
We'll take a vote with a show of hands.

◉ それではよろしいですか。
Is that all right with everyone?

◉ 賛成の方は手を挙げてください。
All in favor, raise your hand.

＊all in favor「賛成の方」はthose in favorとも言えます。

or 反対の方はご起立願います。
Those opposed, please stand up.

◉ 全員一致をもちまして、提案は可決されました。
The proposal is approved unanimously.
＊unanimously「満場一致で」「一致して」

or 6対3をもちまして、この提案は否決されました。
The vote is six to three against the proposal.

賛成が過半数を越えましたので、可決です。
Those in favor have the majority, so the motion passes.
More than half are in favor, so, it's a yes.

次回の会議について提案する

Track 68

● もう一度打ち合わせをしていただけますか。
Could you meet with me again?
＊meet with ... 「～と打ち合わせをする」。againのあとに日にちをつけ加えれば、より確実な意思表示になります。

or　来週もう一度打ち合わせをしていただけますか。
Could you meet with me again next week?

もう一度お会いする必要があると思います。
I think we need to meet again.

● 次の会議の詳細についてはのちほどEメールでお知らせします。
I'll notify you of the details for the next meeting by e-mail later.

or　次回についてはのちほどEメールをお送りします。
I'll e-mail you about the next meeting later.

● フォローアップ会議をしましょう。
Let's have a follow-up meeting.
＊follow-up「追跡の」「フォローアップの」。follow-up surveyなら「追跡調査」。

or　フォローアップ会議が必要だと思います。
I think we need a follow-up meeting.

● 来週の同じ時間にもう一度お会いしませんか。
How about meeting again the same time next week?

◉ もう一度打ち合わせに伺ってもかまいません。
I don't mind coming for another meeting.
＊don't mind ...ing「〜してもよい」「〜してもかまわない」

◉ 次回の打ち合わせでは、今日カバーしきれなかった点を討議したいと思います。
We'll talk about the issues we couldn't cover today at the next meeting.

or 本日終わらなかった項目は、次回の議題に挙げたいと思います。
We'll put the items we couldn't finish today on the agenda for the next meeting.

会議を終了する

● きりのよい時間のようですね。
Maybe this is a good place to stop.
＊a good placeは「場所」だけではなく、「時間」についても使える表現です。

> or　このあたりで終わりましょうか。
> **How about stopping here?**

● このへんで終わりましょう。
Let's finish up here.

> or　**Let's call it a day.**
> **Let's end here.**

● どなたもほかにご意見がなければ、このあたりで終わりましょう。
If no one has anything else to say, let's end here.
＊会議の終了を告げる前に、必ず確認したいことのひとつです。そのまま覚えてしまいましょう。

> or　どなたかほかに言うことがありますか。
> **Does anyone have anything else to say?**

● さて、本日はお時間をいただきましてありがとうございました。
Well, thanks for your time today.
＊日本人の中にはthanksを非常にカジュアルであり、ビジネスの場にはふさわしくないと考えている人がいるようですが、これは失礼のないフレンドリーな表現です。大いに使ってください。

> or　本日お時間をいただけましたことに、感謝しています。
> **I appreciate your time today.**
> **I appreciate you taking the time to be here today.**

● さて、本日はお越しくださいましてありがとうございました。
Well, I appreciate your coming today.

それでは、これをもちまして全社集会を終了いたします。
I think we're ready to finish the general company meeting now.

> これで第30回合同会議を終了いたします。
> **We'll end the 30th joint meeting at this point.**

お手元に資料のない方がいらっしゃいましたら、ご連絡ください。
If you don't have the materials, please contact me.

議事録はのちほど弊社からお送りします。
We'll send you the meeting minutes later.

ご足労いただきまして、ありがとうございました。
Thank you for coming all this way today.

＊all this wayは「遠くから」「はるばる」という意味で、遠方から出席された方がいる場合に使えます。

> 本日は足場の悪いなか、ご出席をありがとうございました。
> **Thank you for going to the trouble to come today.**

ご意見をありがとうございました。
Thanks for your input.

＊inputはコンピュータ関連では「入力」の意味で使われますが、ここでは「（提供された）意見、アドバイス」という意味です。

> ご忠告ありがとうございます。
> **Thanks for your advice.**

会議を終了する

● ずいぶん進展することができました。
We've made a lot of progress.

or　多くを達成できました。
We've accomplished a lot.

有益な打ち合わせでしたね。
This was a good meeting.

● またご一緒できるのを楽しみにしております。
I look forward to working with you.
＊日本語の「どうぞよろしくお願いします」に近い意味で使える表現です。現在進行形（I'm looking forward to ...ing）にすると少しカジュアルなニュアンスになります。

or　このプロジェクトでご一緒するのを楽しみにしています。
I look forward to working with you on this project.

● また次回お会いしましょう。
We'll see you next time.
＊next timeをat the next meetingに変えてもよいですね。

or　みなさん、またのちほどお会いしましょう。
See everyone later.

● そろそろ出ましょうか。
Let's get out of here.
＊get out of hereは「ここから出て行く」「ここを離れる」ですが、「そろそろ終わりにして、ここを出ましょう」といったニュアンスです。

or　さあ、そろそろ帰りましょう。
Let's go home.

議事録

議事録の11の基本構成要素を軸に、作成例をご紹介します。ぜひ参考にしてください。

議事録番号：E-08-0424-25 年月日：2008年5月7日 作成者：山村恵理子(女性) ABC コーポレーション	Minutes No.: E-08-0424-25 Date: May 7, 2008 Prepared by: Eriko Yamamura (Ms.), ABC Corporation
題名：広告キャンペーン会議 議事録 第4回広告キャンペーン会議　議事録は以下の通りです。	**Title: Minutes of Ad campaign meeting** The minutes for the 4th meeting of Ad campaign is as follows;
1．達成された会議の目的 一般的な社内合意を得る キャンペーン予算の検討を完了	**1. Meeting objectives achieved** In-house general agreement reached Finished campaign budget discussion
2．決定事項 広告キャンペーン予算・期間	**2. Decisions made** Budget allocated to Ad campaign/ Period
3．未決事項 担当スタッフ	**3. Unfinished decisions** Staff in charge
4．取り上げられた議題 広告キャンペーンの予算額、目的	**4. Issues covered** Ad campaign budget amount, focus
5．開催日時 2008年4月24日	**5. Date held** April 24, 2008
6．開催場所 ABC コーポレーション東京本社会議室	**6. Location** Meeting room of Headquarters of ABC Corporation, Tokyo Japan
7．進行役 山中良（男性）	**7. Chaired by** Ryo Yamanaka (Mr.)
8．記録係 山村恵理子（女性）	**8. Recorder** Eriko Yamamura (Ms.)
9．出席者 ジョン・ブラックマン、ロバート・スミス（営業部）、北川健、山井さやか、門井昌（経理課）	**9. Participants** John Blackman, Robert Smith from sales department, Ken Kitagawa, Sayaka Yamai, Masa Kadoi from accounting section
10．次回予定日 2008年5月28日	**10. Date of next meeting** May 28, 2008
11．次回予定場所 ABC コーポレーション東京本社会議室	**11. Location of next meeting** Meeting room of Headquarters of ABC Corporation, Tokyo Japan
※添付は参加者の発言記録です。	*Comments by participants are attached.

第6章 ... 会議後

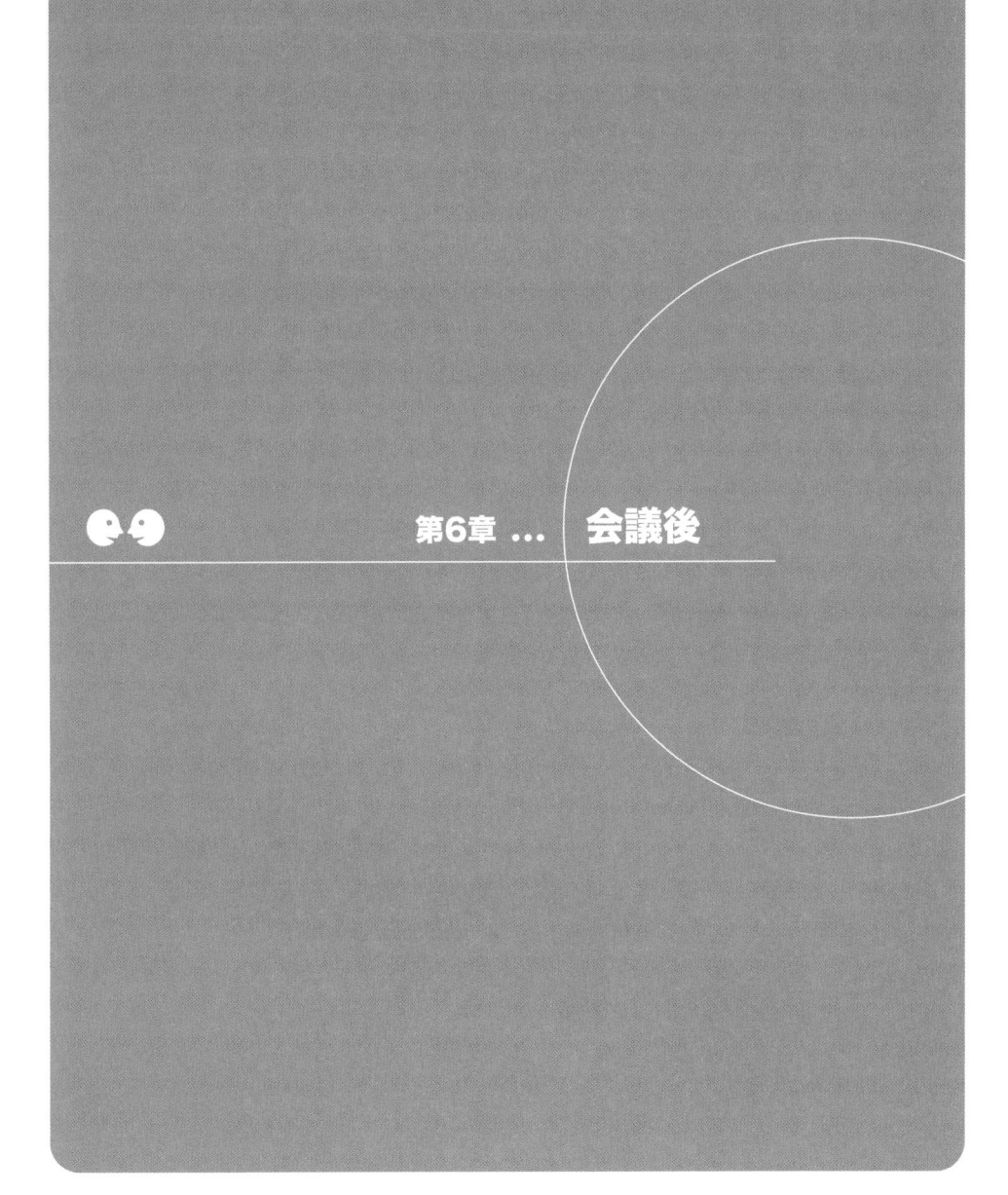

会議後に約束を取りつける

Track 70

- 別件ですが、一度個人的にお会いできますでしょうか。

On another issue, I'd like to meet with you individually after the meeting.

*On another issue「別件ですが」はそのまま覚えてしまいましょう。

> or　今日の議題について、個人的にお話をしたいと思っています。
> **I'd like to talk with you individually about today's topic.**

- 先ほどの件について、もう少しお話ししたいと思っておりますが、今週一度お会いできますか。

I'd like to talk to you a little more about that. Do you have some time this week?

- 私は、いつでもそちらのご都合に合わせてお伺いしたいと思っております。

I'd like to pay you a visit at your convenience.

- 来週にでも少しお時間はありますか。ご迷惑でなければ、また御社に伺いたいと思います。

Do you have a little time next week? If you don't mind, I'd like to visit you again.

- 一度ランチでもご一緒にしながら、この件をお話ししましょう。

Why don't we talk about this over lunch?

*overには「〜しながら」の意味があります。Let's watch the DVD over coffee this weekend.「週末にコーヒーを飲みながらDVDを見ましょう」などのように使えます。

終了後のレセプション・食事に誘う

Track 71

◉ 本日は会議のあとに軽いお食事を用意してあります。
We're having a light dinner after the meeting.

> or　みなさんに、軽食のご用意があります。
> **We have refreshments for you.**

◉ 終了後に隣の部屋で簡単なカクテルパーティをご用意しています。お時間のある方はぜひご参加ください。
We're having a light cocktail party in the room next door. Please join us if you can.

> or　レセプションをご用意していますので、ご参加ください。
> **We've prepared a reception, so I hope you'll join us.**
>
> あなたのためにレセプションをご用意いたしました。
> **We have a reception prepared for you.**

◉ よろしければ、ぜひどうぞ。
Please join us, if you'd like.

◉ もしよろしければ、ご案内させていただきます。
If you'd like, I can show you the way.

> or　私も参りますので、ご一緒しませんか。
> **I'm going there also, so let's go together.**

◉ みなさん、大歓迎です。
Everyone's welcome.

◉ 都合が悪い場合は、お知らせください。
If you can't join us, please let me know.

終了後のレセプション・食事に誘う

◉ 夕食をしながら少しお話ししませんか。
How about meeting over dinner?

> or
>
> この打ち合わせをディナーの席で終えましょう。
> **Let's finish this meeting at dinner.**
>
> ---
>
> 夕食の席で議論を続けることにしませんか。
> **Would you mind continuing this discussion at dinner?**

◉ 今夜、会議のあと、夕食をご一緒しませんか。
Would you like to join us for dinner after the meeting tonight?
＊Would you like to ...?「〜しませんか」「〜はいかがですか」

> or
>
> **I'd like to invite you to dinner after the meeting tonight.**

◉ 近くのイタリアンレストランで簡単な夕食会を行いたいと思います。
We'd like to have a casual dinner meeting at an Italian restaurant near here.

◉ 近所のレストランを予約しています。
We've made reservations at a nearby restaurant.

◉ みなさん、軽く一杯いかがですか。
Everyone, how about a drink?

誘いを断る／受ける

Track 72

◉ 申し訳ありませんが、今回は辞退させていただきます。
I'm sorry, but I have to decline this time.

*have toには、「心ならずも〜しかない」というニュアンスがあり、this time「今回は」をつけることで今回に限っての辞退であることをさりげなく伝えることができます。

or 残念ですが、お断りしなければなりません。
I'm afraid I'll have to say no.

◉ 残念ですが、ほかに約束がありますので。
Unfortunately, I already have an appointment.

or 申し訳ありませんが、別の用事がありますので。
I'm sorry, but I have another commitment.

残念ですが、別の予定がありますので。
I'm afraid I already have plans.

◉ そうできればいいのですが、会社に戻らなければなりませんので。
I wish I could, but I have to get back to the office.

*I wish I couldは「そうしたいのですが」という残念な気持ちを表す仮定法の表現。相手の申し出や誘いを断るときにこれをつければ、相手の印象もかなり違ってくるはずです。

or 残念ですが、会社に戻らなければなりません。
I'm afraid I have to get back to the office.

◉ 残念ですが、個人的な約束がありますので。
I'm afraid I have a personal commitment.

*日本人には馴染みのない断り方かもしれませんが、相手のお誘いを断るための理由としては十分です。事細かな説明はかえって不自然に聞こえることがあります。

誘いを断る／受ける

◉ またの機会にお願いします。
I'll have to take a rain check.
＊rain checkは「雨で中止になった場合の振替券」そこから「またの機会に招待や提案を受ける約束」のことを指す表現として使われるようになりました。招待を断るときの決まり文句としてよく用いられます。

> or　そうですね、また次の機会に。
> **Maybe next time.**

◉ いいですね。
That sounds like fun.
＊親しい人に誘われたときに使える定番表現です。

> or　喜んでご一緒します。
> **I'd love to join you.**

◉ それはいいですね。私ももう少しお話ししたいと思っていました。
That's a good idea. I have a few more things to talk about.

> or　いいですね。まだお話しすることが多くありますから。
> **Sounds good. We still have lots to talk about.**

景気・市場動向を話題にする

Track 73

◉ 最近お変わりはありませんか。
Anything new?
or **How are things?**

◉ そちらのビジネスはいかがですか。
How's business lately?
or **How's everything going for you?**

◉ 最近は調子がずいぶんよろしいようですね。
I hear you're doing well lately.

◉ 新製品を発売されましたね。
I saw that you have a new product out.

◉ ご協力いただきましたおかげで、売り上げは好調です。
Thanks to your help, sales are strong.

◉ 順調に売り上げが伸びています。
Sales are rising steadily.

◉ こちらは原材料費が上がって、苦戦しています。
Our material costs are going up, so it's hard.

◉ あの取引先は難しい人でした。
That client's a tough customer.

景気・市場動向を話題にする

◉ ガソリン価格による影響がいろいろと出ていますよ。
Gasoline prices have a big effect on everything.

or　消費者物価指数は3か月連続でアップしています。
The consumer price index is up for the third straight month.

◉ 日本では外食産業は一大産業ですよ。
The restaurant industry is really big in Japan.

or　日本人は食に多額のお金を使います。
Japanese spend a lot of money on food.

◉ 景気回復は個人消費にかかっていますね。
The recovery will depend on consumer spending.
＊話の内容からrecovery「回復」は「景気」のことであると分かります。特にeconomicをつける必要はありません。

or　個人消費が冷え込んでいます。
Consumer spending is really cooling down.

◉ 海外の日本投資は減速しています。
There's been a slow down of overseas investment in Japan.

or　日本は近隣の大国と競合していかなければなりません。
Japan has to compete with some powerful neighbors.

◉ 政府が税の引き上げを考えているそうですね。
I heard the government's planning to hike taxes again.

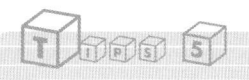

プライバシー

　それほど親しくない間柄やビジネスの場で、個人的な話題を無防備に出すのは、マナー違反です。特に年齢による差別に敏感なアメリカには、差別規制のための様々な法律が施行されているほどです。結婚についても初対面の人にいきなり尋ねれば、相手の不信を招く場合もあります。もちろん、人によってはそれほど気にしない人もいます。もしどうしても聞きたいのであれば、ためしに自分のことを話してみましょう。すべては相手次第です。

　また、男性が女性に対して、ブラウスやスカートなどをほめるのは、残念ながらセクハラと受け取られる可能性があります。これは避けたほうが無難な話題と言えるでしょう。

　逆に相手から質問をされて、答えたくない場合は It's a secret.「秘密です」That's private.「それは個人的なことですので」と言ってもかまいません。そう言ったからといって、相手が気を悪くすることはありません。

　だからと言って、あまり構える必要もありません。相手の立場を考え、楽しく風通しのよい会話を心がければいいのです。

ビジネス用語集

会議で使う語彙

配布物	handouts
参考資料	reference material
内部資料	internal document
視覚資料	visual materials
議題	agenda
論点	issue
提案	proposal
逆提案	counter-offer
解決策	solution
結論	conclusion
少数意見	minority opinion
多数意見	majority opinion
採決	vote
多数決	majority decision
挙手	a show of hands
賛成者	those in favor
反対者	those opposed
無記名投票	anonymous voting
記名投票	open ballot
有効票	valid vote
無効票	invalid vote
棄権	abstention
不在者投票	absentee ballot
会議記録	meeting notes
会議報告書	meeting summary
議事録	minutes

＊＊＊

提案する	suggest
次の議題に移る	go to the next topic
賛成する	agree with／be in support of／go along with／be in favor of
反対する	disagree with／be against／object to
結論に達する	reach a conclusion
可決される	be approved
否決される	be rejected

～の採決を採る	take a vote on
採決によって決定する	decide ... by a vote
挙手によって採決する	vote by a show of hands
全会一致で決定される	be made by unanimous vote
多数決で決定される	be made by majority decision

出席者の呼び方

議長	chairperson
進行役	facilitator
書記	note-taker
タイムキーパー	time keeper
参加者	attendee
欠席者	absentee
(わざと)反対の立場をとる人	devil's advocate
傍聴者	observer
代表者	representative
責任者	(be) supervised by ... ／ supervisor

＊英語では名詞ではなく動詞をよく使う。以下同。

発案者	(be) proposed by ... ／ proposer ／ inventor
企画者	(be) planned by ... ／ planner
実行者	(be) performed by ... ／ performer

役職名

会長	chairman
代表取締役	president
最高経営責任者	CEO ／ Chief Executive Officer
最高執行責任者	COO ／ Chief Operating Officer
副社長	vice president
顧問	adviser
取締役	director ／ board member ／ managing director
重役／役員会	executives ／ board of directors
専務	executive director
本部長	senior director
部長	manager
課長	manager ／ assistant manager
係長	assistant manager ／ section head ／ section chief
主任	chief
支店長	branch office manager
上司	supervisor

会議の種類

企画会議	planning meeting
緊急会議	emergency meeting
経営会議	management conference
月例会議	monthly meeting
合同会議	joint conference
事前打ち合わせ	preliminary negotiations
社内会議	in-house meeting／office meeting
社内全体会議	company-wide meeting
週例会議	weekly meeting
製品開発会議	product development meeting
定例会議	regular meeting
電話会議	teleconference
販売会議	sales meeting
ビデオ会議	video conference
部局会議	staff meeting
編集会議	editorial meeting
役員会議	executive board meeting
予算会議	budget meeting

第1章 会議の前に

打ち合わせの日程・場所を決める（電話）
もしもし。XY社の長谷川ケンと申します。	010
国際課の長谷川ケンです。	010
来月の会議についてお話するために電話しています。	010
会議のご担当者とお話をしたいのですが。	010
5日か10日、もしくは18日を考えております。	010
5日か10日、もしくは18日はいかがですか。	010
いつがよろしいでしょうか。	010
会場は弊社を考えております。	011
ご希望の場所はございますか。	011
場所はどこでもよろしいですか。	011
私たちは木曜日のいつでも大丈夫です。	011
私たちはそれで結構です。	011
それでは、15日10時に御社に伺います。ロビーでお会いしましょう。	011
15日10時に御社でお会いするのを楽しみにしています。	011

打ち合わせの日程・場所を決める（メール＆電話）
件名: 6月の販売会議の日程	012
件名: 要日程調整	012
6月5日（水）に月例販売会議を行います。	012
会議の詳細は以下のように決定しました。	012
6月5日の会議には出席をお願いします。	012
必ず全員出席願います。	012
スケジュールを確認したいのですが。	012
スケジュールを確認します。	012
申し訳ないのですが、その日は身動きがとれません。	013
申し訳ありませんが、その日は事務所におりません。	013
申し訳ありませんが、その日は別の予定があります。	013
出席できない方は、前日までに私にご連絡ください。	013
来られない人は6月4日までにお知らせください。	013
できるだけ早く会議室を押さえておいてください。	013
忘れずに会議室を予約してください。	013
添付した資料はお忘れないようお持ちください。	013
このファイルは会議の資料です。	013

日程・場所の再調整を伝える（メール＆電話）
急用ができてしまいました。	014
急用ができてしまい、キャンセルせざるを得なくなりました。	014
申し訳ありません。急用（緊急事態）ができてしまいました。日程を変更しなければなりません。	014
本日はどうしても都合がつきません。	014
火曜日ではなく木曜日にお会いしたほうがいいかもしれませんね。	014
打ち合わせを1時間前倒しにしてはいかがでしょうか。	014
打ち合わせを2日間日延べしてもよろしいですか。	014
今近くまで来ています。そちらに寄りましょうか。	015
今少しお時間はありますか。10分ほどで伺えますが。	015
こちらへ来ていただけませんか。	015
申し訳ありませんが、こちらへ来ていただけますでしょうか。	015

会議の目的を伝える（メール＆電話）
会議では、従業員のIT教育について合意を図りましょう。	016
会議では、従業員のIT教育についての合意を図りたいと思います。	016
プロモーション・キャンペーンの承認を得たいと思っています。	016
この会議では、プロモーション・キャンペーンについて承諾を得られるようにしましょう。	016
会議の主な目的は来年度予算をまとめ上げることです。	016
来年度の予算をまとめ上げなければなりません。	016
予算割当てが主要議題です。	017
主要議題は、予算割当ての方法についてです。	017
販売の件についてまとめる必要があります。	017
販売網についての最終決定をしたいと思います。	017
みなさんに中間報告をしていただきたいと思います。	017
全員に中間報告を出していただきます。	017
もし、ほかに議題に加えるものがありましたら、お知らせください。	017
このほかに話し合うことがありましたら、ご連絡願います。	017

遅れる旨を伝える（電話）

電車事故で、10分遅れます。	018
申し訳ありません。電車が止まってしまい、10分ほど遅れそうです。	018
先に始めていてください。	018
今そちらへ向かっています。先に始めてください。	018
渋滞に巻き込まれてしまいました。	018
道路工事のために少し遅れそうです。	018
少し迷ってしまいました。	018
到着に少々手間取っています。	018
今、新宿駅の南口を出たところです。	019
今、新宿駅の南口です。	019
急なクライアントの訪問があり、今身動きが取れません。	019
大切な顧客が来ています。先に始めてください。	019
欠席することになり、大変申し訳ありません。	019
急なお知らせで申し訳ありません。	019

揃わない人へ連絡を入れる（電話＆内線）

本日は弊社で会議を行うことになっていますが、フレッド・スミスさんがまだお見えになっておりません。	020
まだ来ていない人に、連絡を入れていただけますか。	020
来ていない人はいますか。	020
みなさんお揃いですか。	020
みなさん、すぐにお揃いになります。	020
まだお出でにならない方々がいらっしゃいます。	020
全員が揃うまで待ったほうがよいでしょう。	020
もう少し待っていただけますか。	020
彼に電話をして、どこにいるか確かめてください。	020
彼から連絡はありましたか。	020
彼女と連絡は取れましたか。	020
すぐに会議室においでください。みなさん、お待ちになっています。	021
出席ということでしたが、何か急用でもできましたか。	021
遅れる場合、お電話だけはお願いします。	021
先に始めていてくださいとのことでした。	021
電話中でした。	021
来客中でした。	021
彼はいつも遅れます。	021
今まで待っていましたが、もう始めます。	021
もう始めますと藤川さんにご伝言をお願いします。	021

受付で用件を伝える

鈴木ケンです。ABC社の鈴木です。	022
鈴木です。ABC社の鈴木ケンです。	022
会議出席のために伺いました。	022
販売会議出席のためにまいりました。	022
ジョージ・ブラウンさんとお約束があります。	022
ジョージ、ジョージ・ブラウンさんとお会いしたいのですが。	022
ジョージと打ち合わせがあります。	022
彼に私が来たと知らせてくださいますか。	022
ジョージに私が来たと伝えていただけますか。	022
こちらで2時にお会いすることになっております。	023
ジョージ・ブラウンさんがご担当者だと聞いております。	023
少し早く着いてしまいました。こちらで待っております。	023
彼にはどうぞごゆっくりとお伝えください。	023

受付で来客応対をする

ABC社のブラウン様ですね。	024
お待ちしておりました。	024
どうぞこちらへ。ご案内いたします。	024
会議室までご案内いたします。	024
河村をお呼びしますので、どうぞお座りください。	024
よろしければ、お座りになってお待ちください。	024
2階の営業部へどうぞ。	024
こちらへお名前と会社名、現時刻をご記入ください。	025
こちらが入館証になります。お帰りの際はこちらへ時刻を記入の上、入館証を返却してください。	025
今日は3名様がお越しになると伺っておりました。	025
ほかにどなたかお出でになりますか。	025
弊社の場所はすぐにお分かりになりましたか。	025
何かお持ちしましょうか。	025
コーヒーや紅茶などはいかがですか。	025

こちら、日本茶です。お口に合うといいのですが。 025

出席者と挨拶をする
ご無沙汰しております。 026
最近はいかがお過ごしでしたか（お元気でしたか）。 026
ABCプロジェクトへのご支援、ありがとうございました。 026
あなたのご協力に、非常に感謝しています。 026
加瀬太郎と申します。よろしくお願いします。 026
紹介します。彼女はこのプロジェクトを手伝ってもらううえ、川村りえです。 026
こちらが長良川です。彼がこのプロジェクトの企画者です。弊社はこのプロジェクトに大変期待をしています。 026
マイケルさん、こちらがロバートさんです。ロバートさん、マイケルさん。 027
ABCコミュニケーションでの今回のプロジェクトのシステム管理は、マイケルさんに行ってもらいます。 027
ロバートさんは本社から4月に日本支社に転勤してきました。 027
お名前はかねてより伺っております。 027
ようやくお会いできて光栄です。 027
こちらまでどれくらいかかりましたか。 027
迷いませんでしたか。 027
フライトはいかがでしたか。 028
時差ぼけはしていませんか。 028
昨日はゆっくり休めましたか。 028
最後にお会いしたのは2002年の会議の時でしたね。 028
お会いするのは、2002年以来ですね。 028

第2章　司会者の決まり文句

会議を始める
みなさま、本日はお集まりいただきありがとうございました。 030
お忙しい中、お時間を割いていただきましてありがとうございます。 030
そろそろ始めましょうか。 030
10時になりましたので始めましょう。 030
時間が限られておりますので、議題に集中していきましょう。 030
議題に関して忌憚のないご意見をお願いいたします。 030
携帯電話は電源を切るかマナーモードに設定してください。 030
会議中の電話はお控えください。 030

進行役・ほかの役割の紹介
私が本日、司会進行役を務めます。 031
私が本日進行をさせていただきます。 031
私が進行役をいたします。 031
酒井さんに進行役をお願いしました。 031
通訳の北川さんです。 031
あちらのブースに同時通訳の方がいらっしゃいますので、ご入用の方はイヤホンをご利用ください。
　チャンネル1が英語、チャンネル2が日本語です。 031
本日はジュディさんが書記をさせていただきます。 031
弊社インターン生のジュディさんが会議内容を記録します。 031
彼女が会議内容をまとめ、みなさまに報告書を送付いたします。 032
ジュディさんが後日みなさまに会議報告書を送付いたします。 032
本日は南さんに時間管理をしていただきます。 032
タイムキーパーは南さんです。 032

会議の進行予定を伝える
最初の30分は役員会での決定についてご報告いたします。 033
最初の30分はこれまでの経緯についてご報告いたします。 033
本日は3つの議題について話し合いましょう。 033
本日は3つの論点について討議しましょう。 033
1時間の質疑応答時間を取ってあります。 033
最後の1時間は質疑応答にあてます。 033
最初の話し合いの後、20分の休憩を取りましょう。 033
最初の話し合い終了後、20分のブレイクを取ります。 033
昼食の時間は12時半から1時半までです。 034
12時半から、1時間半の昼食の休憩を取りましょう。 034
本日の会議は、1時間の昼食時間をはさんで3時間を予定しております。 034
3時間の会議後、1時間の昼食時間を取ります。 034
お手元の進行予定表をご覧ください。 034

次の議題へ移る
次は本日の主要議題です。 035
この件については十分時間をかけたと思います。 035

次の議題です。 035
次の議題へ移りましょう。 035
次の議題は何ですか。 035
時間が限られています。次の議題へ移らなければなりません。 035
次の議題について話し合う時間です。 035
次は販売キャンペーンについてお話ししたいと思います。 035
次の議題は販売キャンペーンです。 035

発言を促す
ご意見をお伺いしたいと思います。 036
考えていることを発言してください。 036
遠慮せずに何でもおっしゃってください。 036
どんな意見も大歓迎です。 036
挙手をして、名前が呼ばれるまでお待ちください。 036
ご意見のある方は、挙手をお願いします。 036
別の意見はありますか。 036
反論は歓迎です、ただし、建設的なご意見をお願いします。 036
建設的な意見をお願いいたします。 036
発言は、言いたいことをひとつに絞ってください。 037
言いたいことを絞ってください。 037
みなさんが発言できるよう、発言は手短にお願いします。 037
なるべく多くの方に発言していただきたいと思っています。 037
会長から挨拶があります。 037
営業部長のスティーブさんからの報告です。 037
国際部から昨年の営業推移について話してもらいます。 037
スティーブさんに昨年の国際部の営業推移について話してもらいます。 037

進行上の注意をする
話し合いに加わってください。 038
ちゃんと聞いていますか。 038
ご自分の意見をお願いします。 038
傍観していないでください。 038
少し先走っているようですね。 038
順序通りに話しましょう。 038
少し言い過ぎではないかと思います。 038
そんなに攻撃的にならないでください。 038
落ち着いていただけますか。 039
冷静になりましょう。 039

休憩に入る
少し休憩を取りましょうか。 040
20分のコーヒーブレイクを取りましょう。 040
きりのいいところで、15分ほど休憩を取りましょう。 040
休憩前にひとつだけご質問を受けます。 040
トイレは部屋を出て、左手にございます。 040
11時までにはお戻りください。 040
11時ぴったりに再開いたします。 040
時間が押しております。遅れないようにお願いします。 040
遅れる方がいた場合も、そのまま始めさせていただきます。 040

昼食の案内
そろそろ昼食の時間にしたいと思います。 041
そろそろ午前の会議を終了します。 041
みなさんにお弁当を用意してございます。 041
お席でお待ちください。お弁当を配ります。 041
このビルの7階に社員食堂がございますので、ご利用ください。 041
それほどメニューは豊富ではありませんが、社員食堂がございます。 041
社員食堂はございませんが、地下のレストラン街をご利用いただけます。 041
地下にレストラン街がございます。 041

会議を再開する
そろそろ休憩時間を終了させていただきます。 042
そろそろ着席願います。 042
みなさん、リフレッシュされましたか。 042
準備がよろしいようでしたら、そろそろ再開させていただきます。 042
みなさんお戻りですか。 042
（先ほどの）予算の話を続けましょう。 042
それでは、本題に戻りましょう。 042

本題についてもう少し話し合う必要があります。 042
次の休憩は3時を予定しています。 042

時間がないことを伝える
あまり時間がありません。 043
残り時間は限られています。 043
残り時間が少なくなってきました。 043
時間がほとんどなくなってきました。 043
みなさん、残り時間はあと30分となりました。 043
残り時間はあと20分ほどです。 043
あと10分で終了しなければなりません。 043
先にお知らせしましたように、会議は4時に終了しなければなりません。 043
申し訳ありませんが、時間切れです。 043
残念ですが、まったく時間がありません。 043
すでに時間が過ぎています。 043

不手際を詫びる
会議の始まりが遅れましたことをお詫びいたします。 044
本日始まりが遅くなりましたことは私の不手際です。申し訳ありませんでした。 044
時間が限られており、大変申し訳ありません。 044
全員の発言の時間がとれず申し訳ありません。 044
機器がご用意できませんでした。申し訳ありません。 044
資料をご用意しているところです。お待たせして申し訳ありません。 044
資料をお待ちいただきありがとうございます。 044
会議室の手配に手違いがあったことをお詫びします。 044
手違いをお詫びいたします。 044

第3章 報告・提案

資料を配る／資料を見ながら説明する
資料をお配りいたします。 048
資料をお配りいたします。2種類の資料をご用意しています。 048
資料Bはプレゼンテーションの資料です。 048
のちほどのプレゼンテーションの際に、資料Bをご覧ください。 048
こちらの資料は極秘資料です。 048
こちらの資料はマル秘資料です。 048
こちらの資料は持ち出し禁止です。 048
こちらの資料は会議後回収させていただきます。 048
このデータはお帰りになるときに、配布資料としてお渡しいたします。 048
コピー禁止です。 049
こちらは取り扱いにご注意願います。 049
こちらはすべてお持ち帰りください。 049
こちらの資料は次回会議にお持ちください。 049
みなさん、資料はお持ちですか。 049
お手元の資料と、プロジェクター画面の中央をご覧ください。 049
デスクに1部ずつ配りました資料を参照してください。 049
資料A右上の表をご覧ください。 049
左上のグラフをご覧ください。 049
中央の人口統計をご覧ください。 049
資料Aを飛ばして、資料Bから始めたいと思います。 050
本日は議題Aに沿って進めていきます。 050
過去5年間の予算と経費を参照しながら話を進めていきましょう。 050
数字につきましては、昨年第3四半期までのものです。 050
この件につきましては、巻末資料に載っております。 050
今4ページの話をしております。 050
本日ご用意できなかったデータがありますが、2、3日中に送付させていただきます。 050
本日ご用意できなかったデータにつきましては、後日送付させていただきます。 050

前回の会議の内容を確認する
議題に入る前に、前回の会議についていくつか確認しましょう。 051
前回の会議に欠席した方もいらっしゃいますので、前回会議の概要に触れます。 051
前回会議の内容について要約いたします。 051
前回の会議の内容確認をしてよろしいですか。 051
前回の会議ではこのようなことが話し合われました。 051
前回の会議内容のうち何点かを確認するために、最初の30分を当てたいと思います。 051

今回の議題の確認をする
まず、みなさんと議題を確認したいと思います。 052

すでにお知らせしてありますが、今一度議題を確認させていただきます。 052
本日は結論を出さなければならない議題が2つあります。 052
決定が出なければ、終われません。 052
3番目の議題につきましては、時間が許せば、討議したいと思います。 052
3番目の議題は緊急ではありません。 052
本日の主要議題は、資料にもありますように、宣伝費の効果的な回収についてです。 052
本日は、広告費予算の効果的な使い方を決定したいと思います。 052
なぜこれが本日の主要議題なのか、ジョージから簡単にご説明させていただきます。 053
本日は、この問題に現実的に対応する方策を考えたいと思います。 053

結果を報告する
朗報です。 054
朗報です。役員会で我々の案が承認されました。 054
我々の企画が委員会を通りました。 054
お知らせがあります。昇給の予算が承認されました。 054
少しご報告があります。 054
残念なお知らせがあります。 054
残念なお知らせがあります。プロジェクトを延期せざるを得なくなりました。 054
プロジェクトの実施まで、あと数か月待たなければなりません。 054
新しいコスト削減案についてご報告しなければなりません。 054
みなさんのご尽力のおかげで、予想以上の売り上げとなりました。 055
円高のため、売り上げが落ち込みました。 055
森本さんが市場調査の結果について最新情報を報告してくれます。 055
森本さんに市場調査の最新情報を報告してもらいます。 055
A社との共同作業がうまく行っていないことをご報告しなければなりません。 055
我々の選択は必ずしも最善のものではないことをご報告いたします。 055
このままでは目標達成は非常に難しいでしょう。 055
このままの数字では、工場を閉鎖しなければならないでしょう。 055

現状・進行状況を報告する
進捗状況報告書をご覧ください。 056
少し時間を割いて、建設プロジェクトの進行状況についてご報告したいと思います。 056
すべて予定通りです。 056
プロジェクトは予定通りに進んでいることをご報告させていただきます。 056
計画通りに終了しそうもあります。 056
予定通りには終わりそうにありません。 056
残念ですが、2週間ほど予定より遅れています。 056
予定通りには終わらないでしょう。 056
予定通りに終えるためには、遅れを取り戻さなければなりません。 056
遅れを取り戻しましょう。 056
プロジェクトは予定より早く進行しています。 057
最初の頃は、何の反響もありませんでした。 057
プロジェクトがスタートした頃には、特に大きな反応はありませんでした。 057
時間が経つにつれて、プロジェクトチームも順調に機能し始めました。 057
時間の経過に伴い、プロジェクトチームの結束も固まってきました。 057
今後、大きな変化が期待できそうです。 057
近いうちの変化に期待しましょう。 057
日を追って、売り上げが伸びています。 058
日に日に波及効果が現れてきています。 058
次の3か月間で数値目標を達成できそうです。 058
2年以内に売り上げを2倍にしなければなりません。 058
来年の3月までには、生産ラインの見直しをはかるつもりです。 058
年末までには、合併が完了する見込みです。 058

期間・金額を交渉する
納期を前倒しすることはできますでしょうか。 059
納品日を前倒ししていただけますか。 059
金曜日にはできそうですか。 059
金曜日に仕上げていただけますか。 059
金曜日に配達していただくことはできますか。 059
金曜日の納期ではいかがですか。 059
もし価格を下げられないなら、取引はできませんね。 059
もし20パーセントの価格引き下げができなければ、取引はなしですね。 059
価格を引き下げていただきたいと思います。 060
価格を20パーセント引き下げていただかなければなりません。 060
もし価格を引き下げていただけるのであれば、ほんとうに恩に着ます。 060
もし価格を下げていただければ、ご厚意には必ず応えます。 060
申し訳ありませんがもう少し仕事のペースを上げてもらわないと、この事業が4月に間に合わなくなります。 060

提案する／提案を促す
ご提案があります。 061
いくつかご提案したいのですが。 061
あらゆる可能性を考えるべきだと思います。 061
あらゆる可能性を考えてみましょう。 061
市場調査を行ってみてもいいですね。 061
人事評価の導入を提案します。 061
全従業員に対する研修についてはどうお考えですか。 061
アウトソーシングのデメリットについてはどうお考えですか。 061
どうすべきだと思いますか。 061
何かご提案は？ 061

理由を述べる
私がそう判断した理由は2つあります。 062
私がそう判断した理由は2つあります。ひとつは安定した価格、もうひとつは品質です。 062
価格と品質を元にして決断しました。 062
業務不振の主な理由は、社員のやる気の低下にあります。 062
社員の士気の低さが、利益を損なっています。 062
ご説明しましたデータから導き出した結論が、次です。 062
競合製品の売り上げから、弊社の商品も同様もしくはそれ以上の売り上げを見込んでいます。 062
よって、前年度に比べ経常利益の10パーセント増を見込んでいます。 062
経費節減のために、私がゴーサインを出しました。 063
経費を節減したかったので、私が承諾しました。 063
昨年の好調な売り上げを元に決断しました。 063
昨年は売り上げが好調でしたので、可能だと考えています。 063
時間がかかり過ぎますね。 063
時間がかかり過ぎるので、この提案には反対いたします。 063
いいとは思いますが、十分な時間がありません。 063
これはリスクがあり過ぎます。 063
私が反対するのは、まだ我が社にリスクを受け入れる準備がないからです。 063

分析・比較する
この状況を分析する必要があります。 064
この問題を調査する必要があります。 064
本当にこれが原因でしょうか。 064
これが主な原因ということは確かなのですか。 064
長所と短所を見てみましょう。 064
(物事の) 両面を見てみましょう。 064
2案を比較してみましょう。 064
2案の資金調達方法を比較してみましょう。 064
競合他社A社と比較をしてみましょう。 064
その2社を比較することはできません。 065
その2社は比較しようがありません。 065
比較として、昨年のことについてお話ししたいと思います。 065
比較しますと、昨年の売り上げは6月に20パーセント増になりました。 065
我が社の売り上げは前年同期比で、急激に伸びました。 065
我が社の売り上げは1年前から急激に上がっています。 065
売り上げはかつてないほど好調です。 065
今年の売り上げは通常よりずっと好調です。 065
今四半期の売り上げと前年同時期の売り上げを比較してみましょう。 066
今四半期と1年前の売り上げを比較してみましょう。 066

例を挙げる
よい例を申し上げます。 067
よい例があります。 067
ひとつ例を挙げたいと思います。 067
これをご説明したいと思います。 067
別の見方ができると思います。例えば…。 067
私たちにはさまざまな選択肢があります。例えば…。 067
顧客満足度の低下がひとつの例でしょう。 067
例えば、顧客満足度が低下することもあり得るでしょう。 067
例えば、もし200個買ってくださるのであれば、1個あたりの価格は59ドルになります。 068
ですから、もし200個買ってくださるのであれば、(1個あたりの) 価格は59ドルになります。 068
例えば、ABC社はコストを20パーセント削減できました。 068
ABC社のような会社は、コストを20パーセント削減しました。 068

別の視点を提案する
こんなふうに考えてみましょう。 069

別の考え方をしてみましょう。	069
別の考え方もあります。	069
別の見方もあります。	069
これではどうでしょう。	069
こんなふうに考えるのはどうでしょうか。	069
時間をかけてもう一度考えてみましょう。	069
すべては考え方次第ですよ。	069
考え方を変えれば、別の面が見えてきますよ。	069
前向きになれば、また違った局面が見えるはずです。	070
ネガティブになるのはやめましょう。	070
私たちは全体を見ていないと思います。	070
一歩退いて、全体像を見る必要があります。	070
細部を重点的に詰める必要があります。	070
私たちは細部を考えていませんでしたよね。	070

言い換える

別の言い方でご説明したいと思います。	071
このように言うこともできるでしょう。	071
言い換えてみます。	071
言い換えれば、遅れは失敗へとつながるということです。	071
遅延は失敗を引き起こすとも言えるでしょう。	071
簡単に言えば、少し様子を見る必要があるということです。	071
もう少し時間が必要だと言えるでしょう。	071
つまり、売り上げです。	071
言いたいことはですね、売り上げなんです。	071

仮定の話をする

売り上げが落ち込むと、どのようなことが起きるでしょうか。	072
売り上げが落ち込むと、どのようなことが起きると考えられますか。	072
売り上げの減少は想定内です。	072
売り上げがこれほどまでに落ち込むとは想定外でした。	072
今のまま景気の落ち込みが続くと仮定すると、一番影響を受けるのはどの部門ですか。	072
今のまま景気後退が続くと仮定すると、誰が最も影響を受けるでしょうか。	072
もし、アウトソーシングをしないと、今後5パーセントの人件費の増加が見込まれます。	073
アウトソーシングをしないと、人件費はおそらく5パーセント増加するでしょう。	073
投入した資金が回収できないとします。すると、我が社の資本投資はどうなるのでしょうか。	073
我々の投下資本が回収できないとすると、設備投資にはどのような影響があるでしょうか。	073
資材の資金調達がこれ以上困難になると仮定すると、どのような選択肢が考えられますか。	073
資材が購入できないとすると、どうしたらいいのでしょうか。	073

将来的な展望の話をする

現在この問題を解決しておくことで、将来的に大幅な利益が見込めます。	074
迅速に対応すれば、将来的に可能性が出てきます。	074
貴社の展望はいかがでしょうか。	074
貴社の将来の展望は明るいでしょうか。	074
今後の展望を占うのは、現時点では難しいと思います。	074
どうなるのか、しばらく様子を見ましょう。	074
できるだけのことはしました。先行きを判断するにはあとひと月必要です。	074
人件費の削減は将来的にプラスの要素になりますか。	075
価格の引き上げは当社の将来にどんな影響がありますか。	075
価格を引き上げることのデメリットについて考えてみましょう。	075

今後の課題を明確にする

まず問題を明確にしましょう。	076
我が社の戦略を明確にする必要があります。	076
明確な戦略なくしては、何もできません。	076
技術面での向上が我々の最大の課題ではないかと思います。	076
我々は技術に重点を置く必要があると思います。	076
環境問題への配慮が必要です。	076
環境に害を与えないよう、注意しなければなりません。	076
価格破壊しか我々の生き残る道はありません。	076
生産性の向上がまず第一の目標になります。	076
生産性の向上を図るには、何が必要でしょうか。	076
労働力が十分ではないことが分かったと思います。	077
若い従業員の力を伸ばしていく必要があります。	077

第4章 議論

質問する
すみません。ひとつだけお伺いしてもよろしいですか。	082
ちょっとお時間をいただけますか。	082
ひとつ質問をさせていただいてもよろしいですか。	082
質問があるのですが。	082
いくつかお聞きしたいことがあります。	082
少し質問があります。	082
その件について少しお聞きしたいことがあります。	082
予算についてお聞きしたいのですが。	082
いくつかはっきりしない点があります。	083
その点をもう少し具体的に説明していただけますか。	083
その点について知りたいだけです。	083
（回りくどい言い方はやめて）はっきり言ってください。	083
その問題の具体的な原因は何ですか。	083
何が問題の原因なのかまだよく分かりません。	083
問題について話していただけますか。	083
原因について話をしていただけますでしょうか。	083
原因についてお聞きしてもよろしいでしょうか。	083

質問に答える
そちらには私が答えさせていただきます。営業2課の倉木です。	084
その件は、渡辺のほうからご説明させていただきます。	084
ご質問に関しては、現時点での見通しを申し上げます。	084
そちらはまだ未決定です。	084
その点については、分かりかねます。吉田さんから説明してもらいましょう。	084
そちらはよく存じ上げておりません。吉田さんが専門家です。	084
詳しい説明には、少し時間が必要です。	084
午後の会議で説明します。	084
午後の会議まで待っていただけますか。	084
理論的には、十分実現可能なはずです。	085
理論的には、採算が合いません。	085

聞き返す
もう一度よろしいですか。	086
何と言ったのですか。	086
すみません、最後の言葉が聞き取れませんでした。	086
申し訳ありませんが、あなたのおっしゃりたいことを理解するのが難しいのですが。	086
あなたの言いたいことが理解できたかどうか、分からないのですが。	086
すみません、よく分かりません。	086
話についていけていません。	086

説明を求める
簡単な説明をしていただけますか。	087
長い説明はいりません。	087
手短にご説明願えますか。	087
少し時間を割いて、その件についてお話し願えますか。	087
少し説明していただきたいのですが。	087
この点についてお尋ねしたいと思います。	087
なぜなのか、お話しいただけますか。	087
なぜこのようになったのか、ご説明願えますか。	087
理由をお話しいただけますか。	087
詳細を教えてください。	088
この新しい方針の根拠は何ですか。	088
なぜこの方針が必要なのか、ご説明願えますか。	088
なぜこの新しい方針が必要なのか、簡潔なご説明をしていただけると思います。	088
論拠をお聞かせ願いたいのですが。	088
なぜその選択をされたのですか。	088
その選択の利点は何ですか。	088
ここのところをもう一度繰り返していただけますか。	088
この部分をざっと繰り返していただけますか。	088
顧客満足度についてもう少し話していただけますか。	089
顧客満足度についてはどうですか。	089
利益率について話していただけませんか。	089
利益率についてお話し願えますか。	089
すみません、私が言いたかったのはそういうことではありません。知りたいのはターゲット層です。	089

私が言いたかったのは、ターゲット層を知りたいということです。 089
しつこいようで申し訳ありません。評価基準はいかがですか。 090
すみませんが、評価基準を教えていただけますか。 090
現在、その分野の市場はどれくらいの大きさですか。 090
売り上げはどのように推移していますか。 090
どのように顧客満足度を向上させられるか、ご説明願えますか。 090
この新しい方針がどのように顧客満足度を向上させるのかを知りたいのですが。 090

意見を求める

この提案についてどうお考えですか。 091
今までのところ、どうお考えでしょうか。 091
この件についてご質問のある方はいらっしゃいますか。 091
この件について詳しい方がいらっしゃれば、ご意見を伺いたいのですが。 091
ポールさんは、それについて、何とおっしゃっていたのですか。彼は原因はどこにあると思っているのですか。 091
私の提案についてご意見をお聞かせください。 091
この計画を実行するためには、何をすることが必要でしょうか。 091
このプロジェクトには何が必要ですか。 091
何が長所であり、何が欠点であると考えていますか。 092
コストが気がかりですか。 092
何か懸念はありますか。 092
具体的に懸念されている点をおっしゃってください。 092
どのようにお考えですか。 092
何かお考えですか。 092
私の意見にご賛同いただけますか。 092
どこにご賛同いただけないのでしょうか。 092
ご賛同いただくには、どのような条件が必要だとお考えでしょうか。 092
ご意見は変わらないでしょうか。 093
付け加えることがありましたら、おっしゃってください。 093
では、何が問題なのでしょうか。 093
必要であれば、問題点を指摘してください。 093
何か問題点がありましたら、おっしゃってください。 093

確認する

それは確かですか。 094
これがうまくいくと本当にお考えですか。 094
広告キャンペーンはうまくいかないということですか。 094
これがこの問題の実際の原因だとお考えですか。 094
何か別の原因があるのでしょうか。 094
念のため、もう一度確認してくださいますか。 094
念のためにもう一度確認していただきたいのですが。 094
つまりプロジェクトはコスト次第であると理解してよろしいですか。 094
つまり、プロジェクトはコストが最大の要素であるということですか。 094

自分の理解を確かめる

私の理解は正しいでしょうか。 095
正しく理解できていますでしょうか。 095
私が正しく理解しているか確認させてください。 095
これで正しいか確認したいのですが。 095
あなたのご意見をまとめさせていただいてよろしいですか。 095
こういうことでよろしいですか。 095
これで間違いありません。 095
ご自分がミスをしたとおっしゃいましたが、それで間違いありませんか。 095
つまり間違いはご自分の責任であるという理解でよろしいですか。 095

賛成の意を示す

あなたの意見に賛成です。 096
まったく同感です。 096
100パーセント同感です。 096
大賛成です。 096
反対のしようがありません。 096
その通りですね。 096
まったくその通りです。 096
あなたは正しいと思います。 096
ずばりですね。 096
あなたの理屈は理解できます。 097
理にかなっていますね。 097
ごもっともです。 097
ごもっともだと思います。 097

だいたいそんなところだと思います。	097
私はそれで結構です。	097
問題ありません。	097

肯定的な意見を言う

なかなかいいと思います。	098
興味深いご意見ですね。	098
それは新しい考え方ですね。	098
それほど悪い案ではないと思います。	098
方向性として、間違っていないと思います。	098
この企画は考えてみる価値があります。	098
このプロジェクトは時間を割くに値します。	098
この提案は考えてみるべきだと思います。	098
この企画をもっと詳しく見てみましょう。	098
この提案には将来性があります。	099
この提案については楽観視しています。	099
この新製品は現在の時流に合っています。	099
この製品は最先端です。	099
弊社が取り組んでいる事業と関連性が非常に高いと思います。詳細を説明していただけますか。	099
我々が組むことで得られることが多いような気がしています。	099
ぜひビジネスパートナーとしてのお付き合いをよろしくお願いいたします。	099

納得する

（あなたのお話で）納得できました。	100
このプロジェクトは見込みがない、ということが納得できました。	100
納得しました。	100
ようやく納得しました。	100
おかげでよく分かりました。	100
なるほど、いいところをついていますね。	100
それは納得のいく意見です。	100
このプロジェクトを前進させるための、納得のいく見解を述べていただきました。	100

相手の意見に反対する

残念ながら、賛成しかねます。	101
反対せざるを得ませんね。	101
反対しなければならないでしょうね。	101
それには反対です。	101
魅力的なご提案ではありますが、弊社の現状では対応が難しいと思います。	101
申し訳ありません、残念ながら今回はお力になれません。	101
実は、それは私が考えていたこととは違います。	102
実を申しますと、私は別のものを思い描いていました。	102
私の理解が遅いのかも知れませんが、ちょっと理解できません。	102
（その件については、）多少疑問があります。	102
（その件については、）少し懐疑的です。	102
この件についてはあなたに賛成しかねます。	102
実際問題として、工場移転に利益があるとは思えません。	102
工場を移転したい理由が私には理解できません。	102
ほとんど不可能だと思います。	103
可能とは思えません。	103
それが最良の解決策だとは思いません。	103
それは、私たちが必要としていることだとは思いません。	103
少しリスクがあるように思いますが。	103
そんなリスクは冒せないと思います。	103
時間の無駄です。	103
この資料は納得できるものです。	103
資料を見てくだされば、私の意見をご理解いただけると思います。	103
私の経験から申し上げまして、その判断に間違いはありません。	104
私はこの件については経験を積んでおり、的確な判断だと思っています。	104
状況を考えれば、質よりも速度を優先させることは得策とは思えません。	104
私たちは、慎重に判断を下すべきです。	104
コストを賄えれば、プロジェクトがうまくいく可能性は十分あります。	104

問題点を挙げる

いくつか、気になっている点を挙げます。	105
課題を挙げたいと思います。	105
考えられる問題点を少しご説明したいと思います。	105
この件について心配されていると思いますので、ご説明しましょう。	105
問題点を挙げてみます。	105

エンジニアとしての視点から、問題点をご説明いたします。　105
この提案にはいくつか問題があります。　105
いくつか問題点があると思います。　105
それにはいくつか欠陥があります。　105
それは大きな間違いです。　105
問題をひとつ指摘しなければなりません。　106
日程についての問題点を指摘したいのですが。　106
考えられる問題をまとめました。　106
これから出てきそうな論点のリストです。　106
重大な問題に対処しなければなりません。　106
この重大な問題を無視するわけにはいきません。　106
否定的なことを言うつもりはないのですが。　106
もし、否定的に聞こえたら申し訳ありません。　106

懸念していることを述べる
実現の可能性が気になっています。　107
もうひとつ気にかかっているのは実現の可能性です。　107
この件については何かと気がかりなことがあります。　107
この件については心配事がいろいろあります。　107
価格設定が少し心配です。　107
担当者から、営業部門が順調にいっていないと聞いています。　107
営業部の状況がなかなかきつそうですが。　107
このまま売り上げが落ち込めば、プロジェクト自体を考え直さなければなりません。　108
市場をきちんと分析できなければ、諦めざるを得ません。　108
分科会内でちょっとした意見のすれ違いがあったと聞きました。　108
細部をもっと詰められるはずだと思います。　108
アイデアはよいのですが、もっと具体的なプランが必要です。　108
この提案は何か足りません。　108
この提案には何か大切な点が欠けていると言わざるを得ません。　108

問題の解決を求める
あなたには早期の解決策を求めたいと思います。　109
ただちにこの件についてご対応願えますか。　109
この件についてご対応いただければ、大変助かります。　109
その件について対処できるとお考えですか。　109
この問題につきまして、何か手を打ってもらいたいと思っています。　109
何かよい考えはありますか。　109
この問題を解決しなければ、先へは進めません。　109
まず初めにこの問題を解決しなければなりません。　110
私たちはこの件を長いこと先送りにしてきました。　110
もうこれ以上待つことはできません。　110

反論をかわす
反対されるかもしれませんが、私の提案は信頼のおける市場調査に基づいたものです。　111
反対していらっしゃるのは承知していますが、この提案は最も実現の可能性が高いものです。　111
反対されているのは残念ですが、それでもこれが最善のプランだと思っています。　111
明瞭でない点があることは分かっていますが、この提案が最善です。　111
反対されているのは分かりますが、誤解されていると思います。　111
誤解があるようです。　111
すみませんが、なぜあなたが反対するのか理解できません。　112
問題が何なのか理解できないのですが。　112
正直に話していただきありがとうございます。　112
率直に話していただき、感謝しています。　112

部分的に賛成する／反対する
基本的には賛成です。　113
残念ですが、すべてに賛成というわけではありません。　113
残念ですが、全面的に賛成というわけにはいきません。　113
条件付きで、賛成します。　113
多少の条件はありますが、基本的には賛成です。　113
ひとつの例外を除けば、すべて正しいと思います。　113
ひとつを除けば、おっしゃる通りですね。　113

まだ意見が決まっていないとき
賛成とも反対とも言えません。　114
この件については中立です。　114
この件につきましては、中立的な立場でいたいと思います。　114
まだ意見がまとまっていません。　114

まだ意見はありません。 114
この情報だけでは意見は申し上げられません。 114
状況を理解していませんので、意見を申し上げることはできません。 114
賛成に傾いているところです。 114
賛成と言おうと思っているところです。 114

結論を先送りにする
結論を急ぐのは得策ではありません。 115
時機を待ちましょう。 115
今日のところは結論を急ぐべきではないと思います。 115
この件は次回に持ち越しましょう。 115
あと1週間ほど考えさせてください。 115
考える時間がもう少し必要です。後日ご連絡いたします。 115
1週間ほど考えさせてください。 115
一晩考えさせてください。 115
いつまでに結論が必要ですか。 115
次回の会議までに必ず結論を出します。 116
具体案が出次第お知らせします。 116
6月4日の4時半までには情報が入ります。 116
遅くとも6月4日までにはEメールにて答えさせていただきます。 116
今結論を出すのはそれほど簡単ではありません。 116
残念ながら、それほど簡単ではありません。 116
それほど複雑でなければいいのですが。 116
じっくり検討する時間がありませんでした。 116
実は、目を通す時間がありませんでした。 116

持ち帰って確認したいと伝える
(一度)持ち帰らせてください。 117
私にはこの件を決定する権限がありません。(一度)会社に持ち帰らせてください。 117
その件は私の担当ではありませんので、分かりかねます。
　　確認して担当からご連絡を差し上げるようにいたします。 117
ここでお答えするには問題が複雑すぎるようです。 117
適切にお答えするには2、3日必要です。 117
広報担当者がお答えできると思います。会社に戻りましたら、担当者に電話をさせます。 117
明日広報部がお答えいたします。 117
社長の意見が必要です。のちほどご連絡いたします。 118
社長に話をしなければなりません。(一度)持ち帰らせていただけますか。 118

妥協・譲歩できないことを伝える
どうしても譲歩できません。 119
すみませんが譲歩することができません。 119
弊社は、その方向では難しいと考えています。 119
私もここで引くわけにはいかないのです。 119
ここで譲歩するわけにはいきません。 119
妥協する余地はありません。 119
歩み寄るのは無理ですね。 119
意見を変えることはできません。 119
意見を変えることはできないですね。 119
なぜ私が歩み寄らなければならないのでしょうか。 120
私が歩み寄らなければならない理由はありません。 120
話し合いで解決できることではありません。 120
交渉の余地はありません。 120

妥協・譲歩を促す
歩み寄りましょう。 121
歩み寄りませんか。 121
歩み寄れるかもしれませんね。 121
第3の解決策があるかもしれません。 121
第3の解決策はありますか。 121
建設的になりましょう。 121
建設的な解決策を見つけましょう。 121
我々のプランを組み合わせたらどうでしょうか。 121
我々のプランを組み合わせましょう。 121
あなたは偏っているように思います。 121

相手へ最後のひと押しをする
やってみましょう。 122
どうなるか様子を見てみましょう。 122

やってみてもかまわないでしょう。	122
やってみても失うものはないでしょう。	122
それこそが私たちが必要とするものですよ。	122
まさに完璧な解決策です。	122
ほかに選択肢はありません。	122
ブランドの確立以外に選択肢はありません。	122
これがこの部門の収益を黒字へ転じさせる唯一の手段です。	122
今のところこれ以上の計画はありません。	123
完璧ではないにしても、現段階ではこれしか方法はありません。	123
あらゆる面で、この提案が最善であると思います。	123
コスト面から考えても、私の提案は確かなものだと自信を持っております。	123
繰り返しにはなりますが、私のプロジェクトがベストです。	123
すでに申し上げましたが、エンジニアとしてこれが最高のシステムであると思います。	123
私のプランが最善だという考えに変わりありません。	123
私はこのプロジェクトに自分のキャリアをかけています。	123
この計画でかなりの節約ができます。	124
より経済的です。	124
私が申し上げたことをすべて裏づける証拠があります。	124

発言の意を示す
この場をお借りして、少し発言させていただきたいと思います。	125
2点だけ述べたいと思います。最後までお聞きください。	125
先ほど自分の意見が言えませんでした。発言したいことがあります。	125
申し訳ありませんが、少しの間、ご静聴くださいますか。	125
すみません。少しの間、ご注目をお願いします。	125

人の発言中に割り込むとき
すみませんが、質問です。	126
遮って申し訳ないのですが、質問です。	126
申し訳ありませんが、質問です。	126
ちょっとよろしいですか。少しご説明いただきたいのですが。	126
ちょっとよろしいでしょうか。	126
話の腰を折って申し訳ないですが、ひとつ言わなければなりません。	126
中断して申し訳ありませんが、ひとつだけ言わせてください。	126
すみません。ひと言よろしいですか。	126
ひと言だけ言わせていただいてよろしいですか。	126
大変申し訳ないのですが、ここでお話を終わらせていただいてもよろしいですか。	127
興味深いお話ですが、切り上げていただかなければなりません。	127
申し訳ありませんが、そろそろ終わりにしなければなりません。	127
残念ですが、そろそろ終わりにしなければなりません。	127
ご意見をどうもありがとうございました。それでは、ほかの意見はありますか。	127
ご高説を拝聴いたしました。	127

話が中断されそうになったとき
よろしければ、最後まで話をさせてください。	128
最後まで話したいのですが。	128
この点は最後まで言わせてください。	128
あと少しです。最後までお聞きください。	128
話が終わるまで待っていただけますか。	128
少しだけお待ちいただけますか。	128
今は私が話しています。	128
今、発言権は私にあります。	128
まだ言いたいことが終わっていません。	128
まだ言いたいことを言おうとしているところです。	128
まずこの一点を言わせてください。	129
この一点は言い終えなければなりません。	129
ちょっと（口を出さずに）聞いてください。	129
少し聞いてください。	129
話に割り込まないでください。	129

議題の順序について話す
まず、最後の議題から話し合ったほうがよいようです。	130
議題の順序を逆にしてはいかがでしょうか。	130
順序は違いますが、緊急度の高いものからご説明いたします。	130
順序が違うのは承知しておりますが、急を要する部分から始めたいと思います。	130
議題1から話し合うことになっていますが、議題2から始めてはいかがでしょうか。	130
少し予定を変えて、最初に議題2から始めましょう。	130
今回は進行方法を変えさせていただきます。	130

まずコスト面について述べさせていただきます。	130
初めにコストについて話しましょう。	131
第2に、時間についてご説明いたします。	131
第3に、人材の確保についてのご説明です。	131
最後に、雇用の点について話しましょう。	131
第1にコスト面、第2は時間的制約、第3は人材について話したいと思います。	131

少し前に出た話題に戻る

申し訳ありませんが、先ほどの件をもう一度取り上げたいと思います。	132
この件については先ほど話し合っておりますが、議題Bについてもうひと言よろしいですか。	132
申し訳ありませんが、先ほど話し合った件にもう一度戻ってよろしいですか。	132
先ほどのロジャーさんの意見について、ひと言申し上げたいと思います。	132
ロジャーさんの発言に補足したいのですが、よろしいですか。	132
みなさんの気持ちが賛成の方向に傾いているようですが、もうひとつ考えたいことがあります。	132
みなさんの気持ちが固まる前に、私からご提案したいことがあります。	132
蒸し返すようですが、もうひと言申し上げたいことがあります。	133
価格設定について、ご参考までに、みなさんにもうひとつデータをお見せしてもよいでしょうか。	133

話を本題へ戻す

話が逸れてしまったようです。	134
話を本筋に戻しましょう。	134
すみません、それは今、問題ではありません。	134
その件についてはのちほどお話しします。	134
申し訳ありませんが、それは議題には載っていないと思います。	134
議題に沿って続けましょう。	134
その件についてはいずれ討議する機会があると思います。	134
それは本題ではないように思います。	134
それは興味深いのですが、今私たちが話していることではありませんので。	135
その件は、ちょっと脇においておくことにしましょう。	135
今は、その件は保留にしましょう。	135
その件については、打ち合わせの後、話しましょう。	135

第5章 まとめ

要点を整理する

要点をまとめましょう。	140
それではここで、現在の状況をまとめてみましょう。	140
主なポイントは3つあります。まずひとつ目は…、ふたつ目は…、最後にみっつ目は…。	140
まとめたほうがよいでしょう。	140
まとめましょう。	140
ここまでの進捗状況を整理しましょう。	140
ここで意見を整理しておきましょう。	140
要点をまとめたリストを作成します。	141
要点を書き留めます。	141

意見をまとめる

すべての意見を取りまとめたいと思います。	142
今までの意見をまとめましょう。	142
そろそろ議論をまとめる時間です。	142
今日は2つの議題を取り上げました。	142
まず予算を見直しましょう。	142
予算について見直しましょう。	142
何か異議やご意見はありますか。	142
キャンペーンについては全員が同じ意見です。	142
では、キャンペーンについては誰も異論がないと理解してよろしいですね。	142
合意が得られたと思います。	143
では、合意に達しましたね？	143
みなさんのご協力をもちまして、基本的な合意に達したようですね。	143
細部はまだ詰めなければなりませんが、基本的には合意に達したようですね。	143
採決によらず、合意が得られましたことを大変うれしく思います。	143
採決の必要はないようです。ご協力ありがとうございました。	143
意見が2つに割れたようですね。	143
この件については挙手による採決が必要です。	144
この件については採決の必要があります。	144
3名の方が予算の改正を望んでいます。	144
残り3名の方は予算の変更を望んでいます。	144
7人中4名の方が現状維持を支持していらっしゃいます。	144

質問を募る
どうぞご質問ください。 145
どんな意見でも大歓迎です。 145
採決に入る前に質問を募りたいと思います。 145
これが、質問できる最後の機会になります。 145
まだ発言されていない方はいらっしゃいませんか。 145
みなさんのご意見をお聞きしたいのですが、まだ発言されていない方はいらっしゃいますか。 145
予算についてのご質問のみを受けさせていただきます。 145
キャンペーンに関する質問は次回にさせていただきます。 145

決議をとる
この件について採決しましょうか。 146
異論はありますか。 146
無記名による投票にいたします。 146
記名式の投票がよいと思います。 146
挙手による採決といたします。 146
それではよろしいですか。 146
賛成の方は手を挙げてください。 146
反対の方はご起立願います。 146
全員一致をもちまして、提案は可決されました。 147
6対3をもちまして、この提案は否決されました。 147
賛成が過半数を越えましたので、可決です。 147

次回の会議について提案する
もう一度打ち合わせをしていただけますか。 148
来週もう一度打ち合わせをしていただけますか。 148
もう一度お会いする必要があると思います。 148
次の会議の詳細についてはのちほどEメールでお知らせします。 148
次回についてはのちほどEメールをお送りします。 148
フォローアップ会議をしましょう。 148
フォローアップ会議が必要だと思います。 148
来週の同じ時間にもう一度お会いしませんか。 148
もう一度打ち合わせに伺ってもかまいません。 149
次回の打ち合わせでは、今日カバーしきれなかった点を討議したいと思います。 149
本日終わらなかった項目は、次回の議題に挙げたいと思います。 149

会議を終了する
きりのよい時間のようですね。 150
このあたりで終わりましょうか。 150
このへんで終わりましょう。 150
どなたもほかにご意見がなければ、このあたりで終わりましょう。 150
どなたかほかに言うことがありますか。 150
さて、本日はお時間をいただきましてありがとうございました。 150
本日お時間をいただけましたことに、感謝しています。 150
さて、本日はお越しくださいましてありがとうございました。 150
それでは、これをもちまして全社集会を終了いたします。 151
これで第30回合同会議を終了いたします。 151
お手元に資料のない方がいらっしゃいましたら、ご連絡ください。 151
議事録はのちほど弊社からお送りします。 151
ご足労いただきまして、ありがとうございました。 151
本日は足場の悪いなか、ご出席をありがとうございました。 151
ご意見をありがとうございました。 151
ご忠告ありがとうございます。 151
ずいぶん進展することができました。 152
多くを達成できました。 152
有益な打ち合わせでしたね。 152
またご一緒できるのを楽しみにしております。 152
このプロジェクトでご一緒するのを楽しみにしています。 152
また次回お会いしましょう。 152
みなさん、またのちほどお会いしましょう。 152
そろそろ出ましょうか。 152
さあ、そろそろ帰りましょう。 152

第6章 会議後

会議後に約束を取りつける
別件ですが、一度個人的にお会いできますでしょうか。 156
今日の議題について、個人的にお話をしたいと思っています。 156

先ほどの件について、もう少しお話ししたいと思っておりますが、今週一度お会いできますか。	156
私は、いつでもそちらのご都合に合わせてお伺いしたいと思っております。	156
来週にでも少しお時間はありますか。ご迷惑でなければ、また御社に伺いたいと思います。	156
一度ランチでもご一緒にしながら、この件をお話ししましょう。	156

終了後のレセプション・食事に誘う

本日は会議のあとに軽いお食事を用意してあります。	157
みなさんに、軽食のご用意があります。	157
終了後に隣の部屋で簡単なカクテルパーティをご用意しています。お時間のある方はぜひご参加ください。	157
レセプションをご用意していますので、ご参加ください。	157
あなたのためにレセプションをご用意いたしました。	157
よろしければ、ぜひどうぞ。	157
もしよろしければ、ご案内させていただきます。	157
私も参りますので、ご一緒しませんか。	157
みなさん、大歓迎です。	157
都合が悪い場合は、お知らせください。	157
夕食をしながら少しお話ししませんか。	158
この打ち合わせをディナーの席で終えましょう。	158
夕食の席で議論を続けることにしませんか。	158
今夜、会議のあと、夕食をご一緒しませんか。	158
近くのイタリアンレストランで簡単な夕食会を行いたいと思います。	158
近所のレストランを予約しています。	158
みなさん、軽く一杯いかがですか。	158

誘いを断る／受ける

申し訳ありませんが、今回は辞退させていただきます。	159
残念ですが、お断りしなければなりません。	159
残念ですが、ほかに約束がありますので。	159
申し訳ありませんが、別の用事がありますので。	159
残念ですが、別の予定がありますので。	159
そうできればいいのですが、会社に戻らなければなりませんので。	159
残念ですが、会社に戻らなければなりません。	159
残念ですが、個人的な約束がありますので。	159
またの機会にお願いします。	160
そうですね、また次の機会に。	160
いいですね。	160
喜んでご一緒します。	160
それはいいですね。私ももう少しお話ししたいと思っていました。	160
いいですね。まだお話しすることが多くありますから。	160

景気・市場動向を話題にする

最近お変わりはありませんか。	161
そちらのビジネスはいかがですか。	161
最近は調子がずいぶんよろしいようですね。	161
新製品を発売されましたね。	161
ご協力いただきましたおかげで、売り上げは好調です。	161
順調に売り上げが伸びています。	161
こちらは原材料費が上がって、苦戦しています。	161
あの取引先は難しい人でした。	161
ガソリン価格による影響がいろいろと出ていますよ。	162
消費者物価指数は3か月連続でアップしています。	162
日本では外食産業は一大産業ですよ。	162
日本人は食に多額のお金を使います。	162
景気回復は個人消費にかかっていますね。	162
個人消費が冷え込んでいます。	162
海外の日本投資は減速しています。	162
日本は近隣の大国と競合していかなければなりません。	162
政府が税の引き上げを考えているそうですね。	162

<著者略歴>

デイヴィッド・セイン - David Thayne -

米国出身。社会学修士号取得。日米会話学院、バベル翻訳外語学院などでの豊富な教授経験を活かし、『敬語の英語』(ジャパンタイムズ)、『その英語、ネイティブにはこう聞こえます』(主婦の友社)など、数多くの英語関係書籍を執筆。英語を中心テーマとしてさまざまな企画を実現するエートゥーゼットを主宰。東京都根津でエートゥーゼット英語学校の校長も務める。

エートゥーゼットのHP http://www.english-live.com

<執筆協力者略歴>

窪嶋 優子 - くぼしま ゆうこ -

東京出身。明治学院大学文学部英文学科卒業。JICE(財団法人国際協力センター)にてODAプログラムの研修監理員を務めた後、現在、エートゥーゼットで翻訳・英語学習書の制作を手がける。訳書に『男と女のすれ違いはすべての言葉で起こっている』(主婦の友社)『とっても迷惑なあの人にズバリ"NO"と言える秘密の法則』(主婦と生活社)、共著に『まるで無神経な英語』(河出書房新社)など。

Special thanks to 佐藤陽子

ビジネス Quick English　ミーティング

2008年10月5日　　初版発行
2013年2月20日　　第9刷発行

編　者　ジャパンタイムズ
著　者　デイヴィッド・セイン
　　　　©A to Z Co., Ltd., 2008
発行者　小笠原 敏晶
発行所　株式会社 ジャパンタイムズ
　　　　〒108-0023 東京都港区芝浦4丁目5番4号
　　　　電話　(03) 3453-2013(出版営業部)
　　　　振替口座　00190-6-64848
　　　　ウェブサイト　http://bookclub.japantimes.co.jp/
印刷所　株式会社 廣済堂

本書の内容に関するお問い合わせは、上記ウェブサイトまたは郵便でお受けいたします。
定価はカバーに表示してあります。
万一、乱丁落丁のある場合は、送料当社負担でお取り替えいたします。
ジャパンタイムズ出版営業部あてにお送りください。
付属のCDは再生機器の種類により、不具合を生じる場合があります。
ご使用に際しての注意事項につきましては、以下のウェブサイトをご覧ください。
http://bookclub.japantimes.co.jp/act/cd.jsp

Printed in Japan　ISBN978-4-7890-1319-2